LES AS
peints
par eux-mêmes

Les As

peints par eux-mêmes

Les As
peints par eux-mêmes

PRÉFACE DE M. ARMAND RIO

ÉTUDE SUR LES HÉROS DISPARUS

SUIVIE D'ANECDOTES RECUEILLIES

par M. Jacques MORTANE

Couverture en couleurs par M. Charles Clément

PARIS

LIBRAIRIE ALPHONSE LEMERRE

23-33, PASSAGE CHOISEUL, 23-33

M DCCCCXVII

IL A ÉTÉ TIRÉ DE CET OUVRAGE

25 exemplaires numérotés sur papier de Hollande

PRÉFACE

Deux Ans et demi de Guerre
dans les Airs

Quelle idée se faisait-on, avant le mois d'août 1914, du rôle que l'aviation serait appelée à jouer dans une guerre? Quelles différentes utilisations en escomptait-on? A quelles réalisations est-on parvenu aujourd'hui, tant au point de vue des appareils que des méthodes aériennes? Autant de questions que le recul du temps, après trente-deux mois de campagne, permet d'envisager aujourd'hui avec une suffisante perspective. Simple coup d'œil, bien entendu, restreint aux limites d'une préface aux plus glorieux exploits de nos poilus de l'azur. Hommage liminaire à leur bravoure et à leur virtuosité. Mise au point n'ayant rien de définitif et que les modifications quotidiennes, à travers lesquelles l'aviation vole chaque jour de progrès en progrès, condamnent à une vérité en quelque sorte momentanée, mais qui peut dès à présent faire toucher du doigt au public l'immensité de la tâche accomplie en deux ans et demi par les aviateurs français.

*
* *

Les conditions de la guerre aérienne avaient été, en temps de paix, prévues d'une manière extrêmement vague et tout à fait incomplète. L'aviation apparaissait sous la forme d'on ne sait quelle cavalerie de l'air qui devait s'illustrer entre les nuages en de brillantes rencontres de patrouilles. Ici encore, l'idée de l'exploit individuel dominait nos conceptions. Ici encore, nous étions aux antipodes de ce que la réalité allait nous offrir sur les champs de bataille et nous n'avions aucune idée précise de ce que dans une guerre de canons, de chemins de fer, d'automobiles, dans un duel de machines bien plus que de soldats, l'avion pouvait apporter à une armée d'éléments de victoire. Tantôt l'imagination s'arrêtait uniquement sur des duels vertigineux à 3.000 mètres en l'air, dont aussi bien aucun profit militaire ne semblait devoir être attendu, sinon d'établir la supériorité sportive des aviateurs français sur leurs adversaires allemands. Tantôt, en se représentant des destructions d'armées et des villes foudroyées du haut des airs, elle dépassait dans ses anticipations romanesques le domaine des possibilités et du vraisemblable. Elle voyait trop court ou voyait trop gros. Le rôle considérable de l'avion de repérage, auxiliaire indispensable, œil vigilant et perçant de l'artillerie, l'efficacité de l'avion de bombardement, frappant les communications de l'ennemi, l'affaiblissant à l'heure des attaques, lui coupant les jarrets, paralysant ses nerfs, on n'en avait, à vrai dire, qu'une prévision rudimentaire. Mais de cette guerre et de ses modalités formidables, en vérité qu'avait-on prévu ?

Le résultat fut que nous nous mîmes en campagne avec une aviation dont la force numérique était à peine égale, était même plutôt inférieure à celle des Allemands, alors que les ailes, invention française, due au génie des Ader et des Chanute, animées par une autre invention française, le moteur de Forest, auraient dû posséder dans notre camp une écrasante supériorité. Il fut, en outre, que les diverses spécialisations de l'avion n'étaient rien moins que délimitées. Nous entêtant sur notre conception trop sportive de l'aviation de guerre, nous possédions un nombre de monoplans sensiblement égal à celui de nos biplans. Les premières semaines d'hostilités nous firent vite comprendre notre erreur et la justesse des vues du capitaine Saconney donnant sa préférence à « la poutre armée inflexible » : le biplan.

Pour faire œuvre utile, qu'il s'agisse de combat, de reconnaissance ou de bombardement, l'avion doit en effet enlever, outre son pilote, au moins un passager ; or, à force de moteur égale, un monoplan biplace n'est pas plus vite qu'un biplan à deux places. Ajoutez que sa rapidité ascensionnelle est médiocre, s'il est chargé, et que le poids utile qu'il peut emporter est infiniment inférieur à celui qu'enlève un biplan ; enfin qu'à l'exception des appareils à vision totale, comme le parasol Morane-Saulnier, la vue y est limitée par les plans, le tir également. Enfin une solidité moindre.

L'an dernier, sur vingt-trois types d'avions en service — pour ne compter que les principaux — le nombre des monoplans n'était plus que de huit et, dans la catégorie des hydravions, de trois sur neuf. La proportion des monoplans était donc réduite à un tiers des appareils. Aujourd'hui, sur une dizaine de types, un seul monoplan, le Morane-Saulnier parasol. Nos constructeurs ont mis au point, dans la catégorie légère, des petits biplans, comme le Nieuport, de dimensions très réduites et d'extrême vitesse, que nos aviateurs ont aussitôt baptisés du sobriquet de « Bébés ». Les 160 kilomètres à l'heure de 1916 ont été dépassés. L'envergure de l'appareil est si faible au regard de la puissance du moteur que le biplan Nieuport de l'an dernier, avec une envergure et une longueur de 7 mètres et 18 mètres de surface portante, enlevait un moteur de 80 H. P. et 250 kilogrammes de charge utile, alors que des biplans de même puissance motrice exigeaient, selon les types, des surfaces portantes de 42 mètres et de 60 mètres. Dans la catégorie lourde, avions de bombardement, grâce au principe de la pluralité des moteurs, les mêmes progrès ont été réalisés et notre armée de l'air possède aujourd'hui des appareils susceptibles d'enlever un poids d'explosifs considérable. Voyez plutôt. Le biplan Caudron à deux moteurs le Rhône de 80 H. P. chacun, placés parallèlement à la carlingue, emporte ses 500 kilogrammes de charge utile et les emporte même, peut-on dire, à tire-d'aile, puisque sa vitesse atteint 135 kilomètres à l'heure. Confortablement muni d'explosifs, cet oiseau bombardier peut donc, si l'occasion s'en présente, se montrer redoutable chasseur et c'est un plaisir que sa mitrailleuse ne se refuse guère. Avec ses trois moteurs, deux 80 H. P. le Rhône aux flancs de la carlingue et un 140 H. P. à l'arrière actionnant chacun une hélice, le biplan Caproni-Esnault-Pelterie, de vitesse moindre, 115 kilomètres à l'heure, enlève cinq passagers, deux pilotes et deux mécaniciens, un observateur, une charge utile de 1.100 kilos.

Il est évidemment délicat de donner des précisions sur les nouveaux types qui sortent en ce moment de nos usines. Tout ce que nous pouvons dire, c'est que le Spad de chasse atteint les 200 kilomètres à l'heure et qu'il y a tout lieu d'espérer les plus beaux succès avec le Sopwith de reconnaissance.

*
* *

Quant à l'efficacité de la « charge utile » dont nos avions de bombardement assurent la distribution, le témoignage des Allemands eux-mêmes s'en est maintes fois porté garant. Les carnets de route trouvés sur des officiers ou sur des hommes de troupe faits prisonniers nous ont dit avec des accents de rage, qui ne sont pas pour nous déplaire, la puissance destructive de nos torpilles de 90, de 155 et de 220, quand leur charge de mélinite descend du ciel sur un emplacement tenu par l'ennemi. Nos bombes Claude possèdent une telle force explosive, que leurs éclats sont parfois projetés jusqu'à 700 et 800 mètres du point de chute! Tantôt nous apprenons qu'une seule bombe tombant sur un bivouac tue huit hommes et en blesse trente-deux, abattant par surcroît une dizaine de chevaux. Ailleurs, dans un rassemblement de cavalerie, une bombe : trente tués ;

une seconde bombe : trente tués encore et cinquante chevaux.

Prévue dès le temps de paix par Ader, qui en avionnerie militaire avait vu si juste et si loin, la fléchette dès le début de la guerre a donné dans l'arrosage de larges zones des résultats excellents. Cette petite tige de 12 centimètres de long sur un diamètre de 8 millimètres avec un poids de 19 gr. 25 a prouvé d'éclatante manière son extraordinaire force de pénétration. Lâchée de 2.000 mètres de haut, elle arrive avec la même puissance que si, placée sur le crâne d'un homme, elle subissait tout à coup le choc d'un poids de 40 kilogrammes tombant de 1 mètre de haut. Sa légèreté permet à l'aviateur d'emporter de très grandes quantités de projectiles. Cinq mille fléchettes ne pèsent qu'une centaine de kilogrammes et une boîte de cinq cents flé-chettes suffit à couvrir utilement une surface de 200 mètres de long sur 50 de large. L'homme touché l'est presque toujours sérieusement. La pointe d'acier pénètre avec facilité de 7 à 8 centimètres dans le crâne ; frappant l'épaule, elle disparaît dans le corps ; touchant le pied, elle le cloue au sol. Protestant contre la « cruauté » de ce projectile, bien plus barbare, n'est-ce pas? que la balle explosive, les gaz asphyxiants et les jets de pétrole enflammé, un journal bavarois écrivait au lendemain des premières expériences : « Un major vient de publier un rapport des cas mortels observés par lui et produits par des flèches lancées des aéroplanes français. Il déclare qu'un jour plusieurs compagnies, durant l'après-midi, étant au repos et faisant peu d'attention à deux avions qui volaient au-dessus d'elles, soudain les chevaux à la longe commencèrent à ruer et des cris de douleur s'élevèrent parmi les hommes, dont plusieurs étaient littéralement fichés à terre. Une vingtaine de soldats furent blessés avant qu'on eût pu savoir d'où venaient ces flèches et qu'on eût pu se mettre à l'abri dans des voitures. La force avec laquelle ces flèches frappent doit être très grande, car un cas s'est présenté, d'une flèche perçant le crâne d'un homme et causant une mort instantanée. On calcula qu'un tiers des flèches avait porté ; l'efficacité de cette arme est donc prouvée d'une façon convaincante. »

Autre précieux témoignage, celui d'un correspondant de guerre américain, M. Irwin Cobb, autorisé par le Grand Quartier Général allemand à suivre les armées ennemies en France et qui d'un drachen a assisté à un de nos arrosages de fléchettes : « Décrivant des demi-cercles, oscillant au milieu des obus que l'artillerie allemande lui envoyait, montant, descendant, jouant à travers les nuages et les shrapnells, l'oiseau français lâchait méthodiquement ses stocks de fléchettes et le long des lignes des milliers de fourmis grises couraient des tranchées de l'avant à celles de l'arrière, disparaissaient, rentraient dans leurs fourmilières ou, quand elles n'avaient pas le temps de se terrer, jonchaient le sol, petits insectes gris à jamais immobiles. L'effet terrible du projectile, je pus le constater sur un hussard prussien, qui fut transpercé du sommet du crâne à la plante du pied droit ! »

*
* *

On croit en vérité rêver, quand on songe aux armes dont aux premiers mois de la guerre disposaient nos aviateurs pour voler à l'attaque des aéros allemands. L'armement d'un dragon, d'un chasseur en patrouille !

Souvenez-vous des premiers communiqués aériens. Le 7 octobre 1914, le pilote Gaubert, ayant à son bord le capitaine d'artillerie Blaise, surprend un Taube et, grâce à son habileté, évolue de façon à l'attaquer par derrière et à le surplomber d'une trentaine de mètres, permettant à son passager d'envoyer aux deux aviateurs allemands huit balles de *carabine*. Par malheur pour les Boches, le capitaine Blaise est un excellent fusil et les *Deutsche Nachrichten* étaient le lendemain obligées de confesser que le lieutenant Finger, blessé au cours d'un combat aérien à 2.300 mètres d'altitude entre Metz et Verdun, était mort de ses blessures et son compagnon très grièvement estropié par un atterrissage un peu brusqué, où l'oiseau allemand avait émietté sa carcasse. Quelques semaines plus tard, un de nos aviateurs abattait encore un pilote allemand *à coups de fusil*, un autre encore près d'Arras se débarrassait de son adversaire avec vingt coups de *carabine*. Le 18 novembre 1914, un de nos Morane, monté par un lieutenant et un caporal, parti pour reconnaître les organisations défensives de l'ennemi dans la région de Dompierre, se heurte à un appareil allemand. Les nôtres ont pour toute arme un *revolver*. Ils ne se dérobent pas et entament la lutte contre la mitrailleuse allemande ! Seule la rupture d'un des haubans tranché par une balle les contraint à prendre du champ.

A trois reprises, Gilbert a été le héros de ces trop inégales rencontres. La première fois, le 2 novembre 1914, au cours d'une reconnaissance avec le capitaine de Vergnette, commandant son escadrille, où de trois balles il envoie l'Allemand s'écraser sur le sol ; la deuxième fois, avec son mécanicien Bayle comme tireur, sur un Morane-Saulnier, quand il attaque, le 18 du même mois, à 2.500 mètres, entre Albert et Bapaume, trois Albatros qui sont venus jeter des bombes sur Amiens. Des trois Allemands, armés de mitrailleuses, deux s'esquivent, le troisième est pris en chasse. Une poursuite folle de trente-cinq minutes, pendant laquelle l'Albatros déroule vainement des bandes de cartouches, à un moment glisse à 2 mètres sous l'appareil de Gilbert, fuit éperdument, bête désemparée, traquée, devant le *mousqueton* de Bayle, ne doit enfin son salut — avec pas mal de plomb dans l'aile — qu'au manque de munitions des Français aux environs de Montdidier. Obligé d'enlever ses gants pour tirer par un froid de 16 degrés, Bayle descendit d'avion avec les mains gelées. C'est encore avec un mousqueton de cavalerie que, dans la première quinzaine de janvier 1915, Gilbert remporte une troisième victoire. En compagnie du lieutenant de Puechredon comme observateur, il rentrait d'une reconnaissance menée sur les lignes allemandes du Nord, quand, à 20 kilomètres de Lille, il découvre volant à bonne distance devant lui un Taube occupé à repérer en paix nos positions. Gilbert accentue le train, de Puechredon préparant balles et mousqueton, et suit sa proie pendant une heure jusqu'aux environs d'Amiens avec une telle habileté que les Allemands ne se doutent pas un instant de la filature. Quand ils s'aperçoivent enfin de la présence du chasseur, Gilbert est à peine à 20 mètres derrière eux. Alors l'affaire se règle vivement. L'observateur allemand, le capitaine de Falkenstein, se retourne, pousse un cri de fureur. Gilbert s'écarte, laisse le champ libre à son passager. Quatre détonations, posément espacées. La première balle frappe en plein cœur le capitaine allemand ; la deuxième atteint l'avant-bras du pilote, et la troisième, pénétrant derrière la nuque, lui traverse le cou ; quant à la quatrième, elle va droit au radiateur. Le compte est bon. Le Taube descend, d'une descente un peu agitée, bien que le pilote allemand reste encore suffisamment maître de sa direction, et se pose au milieu des lignes françaises. L'avion de Gilbert atterrit doucement à côté du vaincu, qui vient alors à lui et, tendant sa main valide, offre à son vainqueur ce magnifique témoignage d'estime : « Je suis fier, monsieur, d'avoir eu pour adversaire un homme de votre valeur ! »

Le capitaine de Falkenstein avait été tué net. Une note de service signée d'un général, trouvée dans ses papiers, observait d'un ton aigre-doux que l'escadrille allemande ne se distinguait guère depuis quelques semaines. Pour prendre sa revanche, elle tombait bien mal en rencontrant Eugène Gilbert !

Si le temps est déjà loin où nos aviateurs attaquaient l'adversaire dans des conditions aussi navrantes d'infériorité et n'avaient à compter que sur leur merveilleuse virtuosité, sur leur courage et leur cran sans pareil, il ne faut pas oublier que l'initiative de notre cher et glorieux Garros, oiseau aujourd'hui captif dans une geôle allemande, trahi par une panne stupide, a joué un rôle considérable dans les progrès qu'a réalisés l'armement de nos avions de chasse. Dès les premiers jours de la guerre, l'idée le hantait de mettre au point l'aéro-mitrailleuse. Attaché à la défense aérienne du camp retranché de Paris, il travaille tout l'hiver 1914-1915, luttant sans trêve contre la routine et l'entêtement des uns, la jalousie imbécile des autres, sans se laisser décourager par des accidents de fabrication, qui semblent vingt fois devoir ruiner ses espérances. Enfin, il tient son dispositif, une gouttière en acier, qui de son monoplan, un Morane-Saulnier parasol, lui permet de tirer avec sa mitrailleuse dans le champ de rotation de l'hélice sans briser les pales.

Au printemps de 1915, les galons de sous-lieutenant sur la manche, il reçoit l'ordre d'aller dans le Nord, où les taubes deviennent, sur Dunkerque, particulièrement audacieux, essayer son invention. Pilote, observateur et tireur, l'admirable Garros tient les trois rôles à lui seul et son début est un coup de maître. Voici comment il le racontait lui-même le 3 avril 1915, à son ami Jean Ajalbert, qui lui a consacré depuis sa captivité tant de pages d'une émouvante et paternelle tendresse : « Cher vieil ami, vous savez que j'en ai eu *un* finalement ! Vous devez être curieux d'avoir quelques détails et je vais vous les donner en quelques mots. J'étais parti seul avec 95 kilos d'obus pour les lancer sur une gare teutonne [son monoplan ayant été abîmé dans le garage par un coup de vent, Garros avait, en effet, confié son dispositif à un autre appareil, muni par surcroît d'un lance-obus de 155]. Arrivé à 10 kilomètres de nos lignes, je vois assez loin et bien au-dessus de moi, 500 mètres plus haut, un appareil sur lequel nos batteries tiraient. Je manœuvre pour lui couper la retraite, tout en m'efforçant de prendre la hauteur qui me manquait. Cela dure six à huit minutes. Arrivé à bonne hauteur, je m'approche : les batteries nous tirent dessus dans le tas. J'ouvre le feu à 30 mètres. Je recharge ma mitrailleuse trois fois. Au bout de quelques balles, l'ennemi fuit en désordre et en descendant à toute allure. Je ne le lâche pas d'un mètre. Le combat dure dix minutes. Il se termine à 1.000 mètres d'altitude : criblé comme une passoire, l'albatros prend feu subitement, une immense flamme l'environne et il descend en tourbillon. C'est tragique, affreux. Au bout de vingt-cinq secondes de chute au moins (qui paraissent longues), l'appareil s'écrase sur le sol dans une grande fumée.

« Je suis allé en auto voir les débris ; les premiers arrivés avaient raflé tous les objets, armes, insignes, etc. Je fais des démarches énergiques pour les récupérer. Les deux cadavres étaient dans un état horrible : ils étaient nus et saignants ! Le passager avait une balle dans la tête. On n'a pas examiné le pilote, qui était trop mutilé. Les restes de l'appareil étaient percés de balles un peu partout. Le combat s'est passé presque au-dessus des tranchées et les troupes ont pu suivre toutes les phases à plusieurs kilomètres. Il paraît même que les Allemands étaient sortis de leurs trous pour mieux voir : les nôtres ont pu en dégringoler quelques-uns. Inutile de vous dire ma satisfaction d'un succès aussi complet, malgré un certain écœurement du spectacle. Je suis seul à avoir combattu sans passager. Mais ce qui me rend surtout heureux, c'est le sentiment *d'avoir créé seul*, et malgré tous les risques de l'inconnu en aviation, l'instrument qui m'a porté au succès. C'est cela, par-dessus tout, ma joie. »

Dans la prison allemande où il languit, les ailes repliées, cela doit être aussi sa consolation de soldat de savoir tout ce que de son idée il est sorti de perfectionnements pour notre aviation de combat. La question de l'emplacement de la mitrailleuse a été judicieusement résolue. C'est ainsi que dans le biplan Nieuport de chasse et dans le biplan Caudron, elle s'installe sur le plan supérieur et n'est par conséquent nullement gênée par le cercle de rotation de l'hélice. Dans le biplan Caudron bi-moteur, les deux moteurs étant placés parallèlement à la carlingue et séparés par un large espace, le tir est de même parfaitement libre. Le mitrailleur du monoplan Deperdussin à l'abri de son protège-corps est surélevé au-dessus du plan de l'hélice. Pour les biplans et hydravions biplans Maurice Farman, pour les biplans Henri Farman, la question ne se pose pas, puisque moteur et hélice sont à l'arrière du pilote. Dans de nouveaux appareils, munis de canons, le poids mort est d'environ 150 kilos dont il faut à l'aviateur accepter le sacrifice. Mais que d'avantages inestimables ! Et tout d'abord la possibilité pour l'avion-canon de tirer à la fois contre un objectif aérien et contre un objectif terrestre. Les pilotes et les observateurs des Fokkers, en dépit de leurs deux mitrailleuses, dont une en tourelle, en savent quelque chose.

*
* *

Sans sous-estimer le courage de leurs adversaires, nos aviateurs peuvent prétendre dans le duel aérien à une incontestable supériorité. Les chiffres le prouvent. L'état-major allemand essaye de faire croire à l'univers qu'il a, en 1916, perdu en tout et pour tout 221 appareils. Voilà une de ces informations à la manière de l'agence Wolff, dont il est aussi bien coutumier ! La vérité est qu'en 1916, dans les combats avec les seuls aviateurs français, les Allemands ont perdu un total de 417 avions. Il nous est plus facile pour fixer leur religion — et celle des neutres — d'en établir le décompte : 2 appareils en janvier, 17 en février, 22 en mars, 27 en avril, 41 en mai, 18 en juin, 49 en juillet et autant exactement en août, 70 en septembre, 41 en octobre, 39 en novembre, 42 en décembre. A l'exception des trois derniers mois de l'année — où le mauvais temps diminue la fréquence des combats aériens — la progression, on le voit, a été rapide et constante, elle a marqué à chaque mois l'ascendant de plus en plus grand de notre aviation sur l'aviation allemande. Pour répondre à la prétention de l'état-major ennemi, il faut encore ajouter qu'en plus de ces 417 aéros, dont la destruction a été contrôlée rigoureusement dans les services de nos escadrilles, 195 autres avions ont été vus par nos pilotes tombant à pic, grièvement, sinon mortellement frappés, dans les lignes de l'adversaire. C'est donc de 600 unités que l'aviation de chasse française a diminué l'aviation allemande et on sait, du reste, que sur le front anglais les pertes aériennes ennemies ont été sévères. En quintuplant le chiffre officiel allemand, les neutres obtiendront, à une dizaine près, le chiffre sincère et auront une donnée exacte pour juger de la valeur de nos glorieux as.

Mais leur qualité n'est-elle pas de notoriété universelle ; leurs prouesses, de l'incontestable histoire ? L'admirable virtuosité dont ils font preuve chaque jour, ils la possédaient dès le temps de paix ; avec Garros, avec Brindejonc des Moulinais, avec Gilbert, elle avait émerveillé le monde entier. En la personne de l'infortuné Pégoud elle avait excité à Berlin même l'hypocrite et haineuse admiration de Guillaume II et de ses généraux. Elle est aujourd'hui, dans le ciel embrasé par la guerre, avec leur intrépidité, leur plus bel atout.

Fantastiques loopings, virages vertigineux sur l'aile, chutes sur la queue de l'appareil, descentes et montées en cheminée, toutes ces acrobaties de l'air, qui leur sont des jeux familiers, à l'heure du combat à 2.000 mètres, font d'eux de déconcertants et insaisissables duellistes. N'a-t-on pas vu l'un de nos aviateurs contraindre un aviatik à atterrir dans les lignes françaises en le mettant, par des évolutions incessantes, dans le vent de son hélice, ou, comme on dit dans le sport aérien, en le « soufflant » ?

Tactique audacieuse et bien française encore ce coup du vol piqué, remarquablement réussi contre un aviatik par l'aviateur anglais Marc Helsen, à l'époque où du côté des Alliés le fusil seul répondait à la mitrailleuse allemande. Helsen volait au petit matin à 2.000 mètres environ au-dessus d'Ypres, quand, entre les nuages, il découvre soudain un avion ennemi. Repéré, l'Allemand refuse le combat ; il cherche à fuir. L'Anglais s'élance à sa poursuite, le rejoint en dix minutes de vol rapide, le survole et entame la lutte. Mais les coups de mousqueton de son observateur n'atteignent que l'aile de l'aviatik, qui se met à taper terriblement de la mitrailleuse. Une balle arrive dans le capot à quelques centimètres du réservoir d'essence. C'est le moment de jouer serré et de vider le sac aux stratagèmes. Brusquement Helsen se laisse tomber en vol piqué. L'Allemand ne doute pas de la chute de son adversaire et descend immédiatement en vol plané. Alors d'un redressement subit, Helsen se rétablit et renverse les rôles. Il tient maintenant son ennemi sous lui, à 5 mètres. Une première balle transperce le bras du pilote allemand, qui besogne à équilibrer son appareil. Une deuxième touche au cœur le réservoir d'essence. L'aviatik s'allume, flambe comme un bouchon de paille et s'écrase au sol dans une gerbe suprême, le fuselage en miettes, avec ses passagers calcinés.

La seule tactique que les nôtres ignorent, c'est la fuite. Les duels les plus disproportionnés, ils les acceptent, en chevaliers! Un contre deux! Un contre trois! Au champ clos de l'air, la dérobade n'est point leur fait. C'était le 5 février 1915, à neuf heures et demie du matin; un taube était signalé à Sainte-Menehould, survolant nos lignes près du Four-de-Paris. Le pilote X... (nos aviateurs n'avaient alors droit qu'à l'anonymat pour récompense de leurs exploits), accompagné d'un sergent mitrailleur, file aussitôt dans la direction indiquée, déniche son oiseau et le charge à une cinquantaine de mètres. L'Allemand fait demi-tour et glisse vers l'horizon; mais la mitrailleuse française ne le lâche pas, malgré la menace de deux aviatiks arrivant à tire-d'aile au secours de leur camarade d'escadrille. Une balle heureuse arrête à temps le gibier, qui cascade, glisse sur l'aile et tombe en secouant dans la flamme et la fumée ses lambeaux de toile déchiquetée.

Les deux aviatiks sont déjà là, avec qui il faut en découdre. X... et son mitrailleur, d'un seul coup de feu, règlent le sort du plus rapproché, qui pique dans le vide. A l'autre, maintenant ! Mais les obus allemands encadrent les nôtres, les serrent dans une étreinte de plus en plus étroite d'explosions. X... a juré d'abattre sa troisième pièce. Il l'abattra, en dépit des canons boches. A 1.500 mètres, il redresse son appareil, reprend de la hauteur, s'attaque au survivant. Il l'aborde à coups de mitrailleuse, en dessous, à 40 mètres. Au bout d'une minute, l'aviatik éperdu glisse sur l'aile et s'esquive vers ses lignes. Trop tard. X... le suit en un vol plané presque vertical, lui fauche les ailes et la queue, et l'envoie au sol.

Pour rendre l'hommage qu'elle mérite à notre aviation de combat, l'état-major français vient, à deux reprises, de sortir de sa réserve un peu sévère et de mettre sous les yeux de la France et du monde les merveilleux tableaux de chasse de nos deux plus fameuses escadrilles. Née au mois d'août 1915, la N. 65 dès ses débuts en Lorraine, sous les ordres du capitaine Gounet-Thomas, est une de celles qui se sont le plus distinguées, à Verdun. Quatorze avions pour entrée de jeu, quatre autres renvoyés dans leurs lignes désemparés et un peu brutalement, quatre drachen incendiés. Elle en était en mars, pour 1917, à son cinquantième ennemi abattu. Sa cohésion, son splendide esprit de corps, on les a bien vus le jour où, le capitaine Féquant ayant pris la suite du capitaine Gounet-Thomas tombé au champ d'honneur, sur la tombe encore ouverte de Boillot frappé dans un duel par trop inégal, tous ses pilotes jurèrent de le venger magnifiquement. Le jour même dans l'après-midi, Nungesser attaquait un fokker qui venait s'écraser au sol. D'une escadrille voisine, Navarre accourait pour apporter à la vengeance sa contribution et incendiait un second Allemand. Le surlendemain, le capitaine Féquant offrait aux mânes de Boillot une troisième victime. Pour un Français, trois Allemands. C'est le compte.

Sur la Somme, la N. 65 recueille la même somme de gloire qu'à Verdun. Menée par le capitaine Féquant, qui donne l'exemple en payant largement de sa personne, elle reprend sa chasse irrésistible et fructueuse. Ses as, on les connaît. Ils sont illustres. C'est Nungesser. Toute l'énergie physique et morale ramassée en un seul homme. Grièvement blessé dans un accident d'aviation, réformé n° 1, il se réengage, refuse un congé de convalescence de trois mois, rejoint au front son escadrille. Se dépensant sans compter, malgré son état de santé, en six jours il totalise dix-neuf heures de chasse, livre douze combats, force tous ses adversaires à la fuite, à l'exception de deux... qu'il abat.

Le 25 avril 1916, avec un sang-froid extraordinaire, il attaque un groupe de trois avions allemands et en culbute un. Deux jours plus tard, il livre seul un combat à six adversaires, en envoie un à terre et rentre, les vêtements criblés de balles, avec un appareil blessé dans tous ses organes essentiels, le moteur transpercé, les commandes atteintes. Au début de janvier dernier enfin, il offre aux Boches des étrennes superbes : en une seule matinée, deux avions et une saucisse ! Un prestigieux palmarès de douze citations à l'ordre de l'armée avec vingt-quatre avions ennemis descendus.

Et dans la gloire de nos héros côte à côte avec Nungesser, voici l'un des benjamins de l'aviation française, le sergent Sauvage, mort aujourd'hui après sept victoires en quelques mois; l'adjudant de Bonnefoy, le successeur de Féquant, devenu chef de groupe ; le capitaine du Plan, dont les pilotes ont sur la Somme abattu officiellement vingt-sept avions allemands, sans compter une dizaine d'autres contraints à de rudes atterrissages. La N. 65 n'a-t-elle pas tous les titres à la crâne devise qu'elle a faite sienne d'un mot du capitaine Jacques de Siéyès descendant d'appareil deux doigts emportés par les balles ennemies, et répondant au camarade qui lui disait : « Alors ? Les Boches t'ont eu ? — Allons donc ! »

Mais c'est à l'escadrille N. 3 que revient sans conteste le record des victoires aériennes. La N. 3 ! Les cigognes ! Dès le premier jour, sous le nom de B. L. 3, alors composée de Blériots, elle a été sur la brèche et a commencé la campagne sur le front de Belfort ; vers le milieu de 1915, sous les ordres du capitaine Brocard, elle s'est spécialisée dans la chasse. C'est elle, on peut le dire sans être injuste vis-à-vis des autres, qui a vraiment créé la tactique aérienne de combat et qui a donné les directives.

Son ardeur, son esprit offensif, son mordant, que les pertes les plus douloureuses n'ont jamais pu réussir à émousser, viennent de lui valoir l'honneur suprême de la fourragère avec une magnifique citation. Tant à Verdun que sur la Somme, en cinq mois, du 19 mars au 19 août de l'an dernier, elle a livré 338 combats, abattant 38 avions, 3 drachen et obligeant 36 autres avions fortement atteints à atterrir. Dans les trois mois qui ont suivi, elle en a détruit une nouvelle série de 36. Depuis la mobilisation jusqu'au 1er janvier 1917, elle peut s'enorgueillir d'un formidable total de 820 combats, où 83 avions allemands ont officiellement trouvé leur perte, non compris les saucisses et les avions dont le sort exact n'est pas connu, mais dont il est tout à fait présumable que beaucoup sont allés se fracasser au sol dans les lignes allemandes.

La N. 65 a Nungesser. La N. 3 a son rival de gloire, l'as des as, Guynemer, à qui le président de la République remettait avant-hier au nom de la Russie la croix de Saint-Georges et les galons de capitaine. Notre grand ami italien M. Bissolati assistait ému à la cérémonie. Quand Guynemer, très pâle, eut salué, il se pencha à l'oreille de M. Poincaré, murmurant pour ne pas blesser la modestie charmante du merveilleux pilote : « Ce que j'admire, c'est son air juvénile et sa simplicité. Qu'il est jeune, ce soldat, qui est un homme ! » Oui, avec son gentil sourire d'adolescent, son courage, qui jaillit de source, sans l'ombre de forfanterie, sa ténacité, Guynemer est bien le type du héros de chez nous. Au début de la guerre, potache de dix-neuf ans, dont on ne voulait pas, rien ne l'a rebuté, ni les décisions des majors, impitoyables devant sa maigreur de jeune lycéen, ni les ajournements de quatre conseils de revision. Les portes de la gloire ne voulaient pas s'ouvrir devant lui. Allons donc ! Il saurait bien les forcer, et le capitaine d'aujourd'hui, chevalier de la Légion d'honneur, chevalier de Saint-Georges, titulaire de plus de palmes qu'aucune croix de guerre n'en saurait jamais porter, débuta contre vents et marées sur l'aérodrome de Pau en portant les bidons d'essence et d'huile.

Si la route de Tipperary est longue, le chemin des honneurs fut pour lui singulièrement bref. Il en est aujourd'hui, en mai, à son trente-huitième triomphe. En un seul mois, du 28 décembre 1916 au 27 janvier

1917, il a envoyé au sol 7 avions allemands !

Et comme ils sont dignes de lui, tous ses camarades de la N. 31 le sous-lieutenant Dorme, toute la science du combat, avec ses 22 victoires ; le lieutenant Heurteaux, toute la fougue, avec son tableau de chasse de 21 Allemands ; Deullin encore, qui vient de compter son quatorzième avion, Chainat son neuvième, de la Tour son septième. Les journaux d'outre-Rhin ont publié récemment avec des och ! d'orgueil teutonique le total des succès de leurs as : le lieutenant von Richthofen en tête. Il est inférieur de près de la moitié à celui des nôtres.

Depuis trois mois, il n'est pas une semaine qui n'ait vu un de nos aviateurs prendre place au rang des as. Le 29 décembre, trois as en quelques heures : le lieutenant Loste, le soldat Martin, l'adjudant Lufbery ; en janvier, le maréchal des logis Hauss et l'adjudant Jailler ; le 1er février, l'adjudant Madon. Hier encore, du 10 au 15 avril, trois nouveaux as naissaient à la gloire des communiqués : le capitaine Lecour-Grandmaison, le sous-lieutenant Languedoc et le maréchal des logis Rousseau. Le lieutenant Pinsard, qui envoyait dans ces cinq jours trois Allemands

au sol, compte aujourd'hui sa douzième victoire.

*
* *

Il est un autre record, que l'aviation allemande s'est montrée jusqu'ici impuissante à
disputer à la nôtre : celui des expéditions
lointaines et des bombardements à longue
distance. Quels raids aériens ont-ils pu réussir, les aviateurs allemands ? Quelles grandes
croisières de l'air peut-on inscrire à leur
actif ? Des incursions sur Dunkerque, sur
Amiens, sur Arras, sur Compiègne, sur
Châlons et sur Reims, sur Nancy ou sur Belfort, oui, de brèves apparitions nocturnes,
impossibles à empêcher, un tour de quelques minutes à la faveur des ténèbres ou du
brouillard à une dizaine de kilomètres de
leurs lignes, le temps de lâcher quelques
bombes, d'assassiner une femme ou un
enfant, et de fuir. Au début de la guerre, ils
sont venus sur Paris, le dimanche 3o août,
puis les trois premiers jours de septembre ;
le 27 encore, où ils essayaient d'atteindre la
Tour Eiffel et blessaient la petite Denise
Cartier ; le 12 octobre, où leur tentative d'in-

cendier Notre-Dame avorte parfaitement. Négligeons l'avion boche qui, en mai 1915, parvint, en se maquillant à la française, à se glisser jusqu'à nous, pour retourner d'une bombe un parterre de géraniums à Vaugirard et écorner d'une autre le coin d'un balcon. Quels exploits en vérité, quand leurs armées étaient à Chantilly et à Meaux, que d'avoir tué bravement de 2.000 mètres de haut 6 personnes et d'en avoir blessé 17 !

A ces provocations de résultat militaire nul, l'Allemagne de l'Ouest sait quelles réponses nous avons opposées. Dès septembre 1914, les aviateurs anglais rendaient à Cologne et à Dusseldorf les visites faites à Paris, en y embrasant les hangars à dirigeables. En novembre, deux jours après notre bombardement de Rheinau et de Schwetzingen, c'était l'affaire de Friedrichshafen menée par une escadrille anglaise, partie de Belfort, au grand dommage des ateliers de zeppelins et d'un de leurs récents chefs-d'œuvre. Dans la première quinzaine de décembre, la série commence sur Fribourg-en-Brisgau, dont la gare, les magasins et les hangars d'aviation sont appelés désormais à en voir de rudes, et c'est encore un reve-

nez-y des Français, cette fois, sur Friedrichshafen.

Dès lors, ces lointaines et heureuses randonnées ne cessent plus. Chaque semaine,
le communiqué nous en apporte la réconfor-
tante nouvelle. Le capitaine Happe file en
plein Wurtemberg, à 150 kilomètres de Belfort, détruire sur le Neckar la poudrerie de
Rothveil, l'une des plus importantes de l'Allemagne. Descendant à 1.500 mètres pour
assurer la précision de son bombardement,
d'un premier obus de 90 il crève les réservoirs d'acide, et de trois autres allume la
poudrerie tout entière, dont les flammes
montent jusqu'à quelques mètres de son
appareil. « Dégâts légers », affirmèrent, bien
entendu, le lendemain les Allemands, en
riant jaune. Pesant mensonge !

Quand nous nous décidons, après une trop
longue patience, à faire payer les bombardements aériens de nos villes du front par des
expéditions en force, l'affaire est encore bien
plus sérieuse pour les Allemands et les
représailles autrement sensibles. Le 27 mai
1915, une escadrille composée de 18 avions,
chargée de 1.000 kilos de projectiles, incendie ou démolit à Ludwigshafen les usines

de produits chimiques de la Badische Anilin, qui occupent tout un quartier de la ville. 47 obus de 90 et 2 de 155 couvrent de feu les bâtiments. L'annexe située à quelques kilomètres de là, à Oppau, subit le même sort avec 36 obus de 90. A l'exception d'un seul, contraint à l'atterrissage et que son équipage brûla, tous nos avions rentrèrent sains et saufs après ce raid splendide de 400 kilomètres.

Les Badois de Carlsruhe payent à leur tour pour les nôtres, et en juin 1915, 23 avions français s'en vinrent troubler avec leur mélinite le « repos de Charles ». Le palais du Margrave, la grande poste, le monument de Frédéric-Charles apprennent à souffrir ce que Reims et Arras ont souffert. Les dégâts matériels — les *Nouvelles de Bâle* nous l'apprenaient quelques jours plus tard — sont considérables et les victimes nombreuses. Suffisent-elles à venger les mères de Dunkerque, de Nancy et de Châlons dont les petits enfants ont été tués, quand ils sortaient de l'école, heureux et gambadants? Non. Et malgré toutes les précautions prises, une garde aérienne vigilante et les 350 kilomètres du voyage aller et retour, les Badois revoient encore, dans la nuit du 22 juin dernier, un groupe de 19 avions français.

A la même heure, nous bombardions Trèves, pour qui l'aventure n'était pas nouvelle, puisqu'elle avait déjà été à deux reprises différentes honorée de notre visite ; 19 avions avec une centaine d'obus en septembre 1915 ; 30 obus le mois suivant, en punition de deux bombes lancées par un aviateur allemand sur Nancy.

Au Palatinat et au grand-duché de Bade, le Wurtemberg n'a rien à envier et Stuttgart a vu dans son ciel les cocardes tricolores de nos oiseaux. Son palais royal, sa gare et ses casernes en gardent le souvenir. Le capitaine de Beauchamp, mort à Verdun en décembre dernier, a traversé en maître la Bavière et bombardé Munich avant d'aller, après un vol vertigineux par delà le Tyrol et les Alpes, atterrir près de Venise.

Jamais l'aviation allemande de bombardement a-t-elle monté une opération comparable à celle de Sarrebrück, où 32 de nos avions, protégés contre les attaques des aviatiks par des appareils d'escorte, ont réussi à lancer 164 obus de tous calibres en atteignant tous leurs objectifs ; pareille à celle de Dillingen, dont les hauts fourneaux, producteurs d'obus et de plaques de blindage, ont été survolés par 62 de nos aéros et de telle façon que les Allemands eux-mêmes étaient obligés d'avouer des dégâts matériels considérables et 402 morts dans le personnel entièrement militaire des usines ? Nos aviateurs sont allés à Hambourg. Les Allemands sont-ils venus à Brest ? Nous avons bombardé Essen. Ont-ils bombardé le Creusot ? Comme record des longues expéditions de leur côté, Ostende-Londres, soit 225 kilomètres aller et retour. Pour nous, des raids sur les zeppelins du lac de Constance, 400 kilomètres, et sur les usines de Krupp, 850 kilomètres, la traversée de l'Allemagne tout entière !

⁎

A côté de ces exploits sensationnels, quelle injustice cruelle ce serait de ne pas rendre l'hommage qu'ils méritent si magnifiquement à tous ces aviateurs de bombardement, qui chaque jour, chaque heure, mordus par le froid ou aveuglés par là pluie, dans la bourrasque ou le brouillard, partent, comme

les soldats de la vague d'assaut, pour fou-
droyer les derrières de l'ennemi, ses chemins
de fer et leurs embranchements, ses gares,
ses convois, ses dépôts de munitions, ses
hangars d'aviation, ses quartiers généraux?

Cela c'est le travail quotidien, patient,
tenace, par lequel chaque effort de l'ennemi
est contre-balancé, maté à l'avance, annihilé,
et c'est la somme de ces innombrables et
obscurs exploits qui vient à point nommé
faciliter la victoire de nos troupes.

Nous rendons-nous bien compte, quand
nous lisons au communiqué que nos aviateurs de bombardement ont attaqué, dans la
nuit du 27 décembre dernier, le champ d'aviation de Grisolles et la gare de Nesle; dans la
nuit du 5 au 6 janvier, les bivouacs ennemis
de Spincourt et les dépôts de munitions de
la ferme de Langeau; dans la *nuit* du 29 au
30 suivant, 4 usines militaires de Ham, les
gares et les usines de Follembray; dans la
nuit du 2 au 3 février, celles de Chauny et
d'Appilly; nous rendons-nous bien compte
de tout ce que, dans ces nuits-là, ils ont bravé
de dangers? Les voyons-nous assez, par la
pensée et par le cœur, esquivant les faisceaux
lumineux des projecteurs, virevoltant parmi

les flocons meurtriers des shrapnells, tenant jusqu'au bout, eux aussi, avec leurs appareils meurtris, frappés eux-mêmes et méprisant blessures et souffrances pour frapper à leur tour ?

Héros obscurs comme eux, tous leurs camarades de l'aviation de reconnaissance, qui, eux aussi, s'envolent à l'ordre et tournent sans trêve aù-dessus de l'ennemi, dans la pluie d'acier de sa mitraille. Sentinelles de l'air, sacrifiées comme celles qui montent la garde à terre, coûte que coûte il leur faut rapporter le renseignement précis, découvrir les mouvements de troupes et les nouveaux apports d'artillerie, repérer une position, dénicher une pièce sous son maquillage. C'est grâce à leur sublime dévouement, qu'une attaque ennemie échoue et que chez nous un coup de main réussit. Que ne leur doivent pas et notre résistance à Verdun et nos succès sur la Somme ?

Et pourtant, comment chanter la gloire de tous ces artisans ailés de la victoire, de tous ces pionniers de l'air ? Nous ignorons leurs noms, on nous tait leurs exploits. Il faut lire par hasard, entre deux entrefilets d'un journal, le compte rendu d'une fête à l'Aéro-Club pour apprendre que le capitaine de Miribel, comme observateur, les capitaines Victor Ménard et Abel Verdurand et le sous-lieutenant Louis Plantier, comme pilotes, spécialistes de réglages d'artillerie et de reconnaissances, comptent chacun plus de cinq cents heures de vol au-dessus des lignes ennemies.

De la gloire, certes, et encore de la gloire à nos virtuoses du combat aérien. On ne leur en accordera jamais assez. Mais serait-ce leur faire tort que d'en demander aussi quelques rayons, quelques beaux rayons éclatants et dorés, pour tous ceux de leurs frères d'armes qui ont, du haut des airs, muselé une pièce allemande ; et nos escadrilles de bombardement et de reconnaissance ne sont-elles pas dignes, elles aussi, d'avoir leurs as?

*
* *

Et voici que dans cette guerre, en apparence immobile, mais qui, en réalité, se transforme et évolue à chaque heure, un nouveau rôle se prépare pour nos aviateurs. Encerclée sur terre par une ligne de fer et de feu, coupée du monde sur mer par l'inviolable puissance de la flotte anglaise, l'Allemagne qui étouffe et commence à sentir ses côtes plier sous l'étreinte des Alliés, l'Allemagne assiégée cherche sa sortie sous les eaux. Après ses faillites militaires sur Paris, sur Calais, sur Verdun, après la faillite aérienne des zeppelins, elle jette sa dernière carte sur le tapis de la guerre et, avant de danser la danse suprême devant le buffet vide, enlace en frémissant d'espoir sa dernière illusion. Bloquée, elle prétend nous bloquer et, prisonnière, venir de ses mains tendre sous l'Océan, devant nous, une infranchissable barrière.

Unissant ses efforts à ceux de l'amirauté française, dont on n'a pas assez dit la hardiesse et l'habileté, l'Angleterre a, l'an dernier, fait bon compte d'une menace analogue. Cette fois, le coup a été monté avec soin, avec « méthode », luxueusement. Mais ce coup-là encore, si terrible, si infaillible qu'il se proclame lui-même, nous le tiendrons. Pour leur faire échec, nous n'avons pas seulement les admirables patrouilleurs anglais et français, la poussière nuit et jour en mouvement des torpilleurs alliés ; une autre arme et de bonne trempe, si nous savons l'employer, est en notre pouvoir : l'hydravion.

Arme défensive d'abord. L'expérience a établi, en effet, que la presque totalité des torpillages a eu pour théâtre le voisinage immédiat d'un port. En haute mer, un paquebot, un gros cargo, un voilier peuvent, sans autre inconvénient que d'allonger la route, zigzaguer à loisir, dérouter leur ennemi, le « semer ». Mais en fin de compte, c'est bien au port qu'il faut aborder. Si le sous-marin, au lieu de battre inutilement l'Océan, restreint sa croisière à un circuit réduit, au large du point d'arrivée, il est sûr de ne pas manquer sa proie.

Oui ; mais il est sûr également de ne pas échapper aux patrouilles aériennes des hydravions, qui peuvent aussitôt, par T. S. F., avertir de sa présence le navire menacé. Nos dirigeables, sur la Manche et en Méditerranée, ont rendu dans la défense des côtes contre les sous-marins d'inappréciables services. Mais nos dirigeables, on les compte. Les hydravions, il ne tient qu'à nous d'en peupler le ciel. Combien de nos appareils un peu fatigués par leurs mois de front, un peu courts de vitesse pour la chasse et la reconnaissance, feraient, après un bref travail de mise au point, d'excellents patrouilleurs ! Et notre littoral, découpé, avec les innombrables abris de ses criques, de ses anses et de ses golfes, se prête si bien, avec tous les nids qu'il leur offre, à la garde de l'air !

Arme offensive aussi et dont le sous-marin, esclave d'une tactique déterminée, ne peut parer les coups. Naviguant en surface, un submersible est à très grande distance découvert par l'avion. Fuir sur l'eau, c'est sa perte assurée, quand à ses trousses file un chasseur dont la vitesse est quintuple de la sienne. Il lui faut donc plonger et aussi rapidement que possible. Mais la plongée n'est pas le salut ; car du coup la vitesse maxima est ramenée à 18 kilomètres à l'heure et descendre sous l'eau ne confère pas le moins du monde l'invisibilité. Chacun sait à quel point le miroir de l'eau, infranchissable aux rayons visuels obliques, est aisément traversé par les rayons perpendiculaires. Penchez-vous sur une rivière, vous compterez les cailloux de son lit ; reculez-vous d'un pas, et la grosse carpe qui dort à 10 centimètres de la surface échappera à vos regards. Un rayon visuel tombant perpendiculairement pénètre très profondément sous la mer, dont la transparence est, en tout état de cause, très supérieure à celle des eaux douces. D'après les calculs de Secchi, on peut voir sous les eaux méditerranéennes jusqu'à 33 mètres. Certaines mers des Antilles, la mer des Sargasses, sont pénétrables au regard jusqu'à 60 mètres! Or c'est à 6 mètres environ sous l'eau que le submersible navigue en plongée. Avant d'atterrir sur la côte de Douvres, après sa traversée du pas de Calais en 1909, Blériot put dénombrer les sous-marins anglais qui évoluaient en submersion. Les témoignages des aviateurs abondent.

Bien plus, la preuve a été faite et à plusieurs reprises, de ce que peut un hydravion avec les explosifs formidables dont il dispose contre le frêle et vulnérable adversaire qu'il survole.

Le 1er juillet 1915, un aviateur français, le lieutenant de vaisseau R..., en hydravion dans la haute Adriatique, découvre un sous-marin autrichien en plongée, le V-II. Il descend à pic sur lui à 15 mètres du niveau de la mer, lui envoie deux bombes qui explosent sur la tourelle, et le coule.

Le 28 novembre suivant, à bord d'un hydravion biplan français, le sous-lieutenant Viney de la marine britannique, accompagné du lieutenant français de Sincay, attaché à l'aviation navale anglaise, croisait depuis une demi-heure à 3.000 mètres d'altitude, à la recherche de sous-marins signalés devant Nieuport, quand, à 8 kilomètres de la côte, il découvre les deux pirates naviguant de compagnie. Pour ne pas faire chou blanc en chassant deux lièvres à la fois, nos aviateurs laissent filer l'un, qui va d'ailleurs s'échouer sur un banc de sable, et, descendant à 200 mètres, attaquent l'autre. L'affaire ne traîne pas. Une première bombe entame largement le pont du sous-marin. Une deuxième, qui suit aussitôt, le fait éclater et couvre la mer de la large nappe d'huile qui contresigne le succès.

Ce que deux hydravions ont réussi, cinq cents autres le répéteraient avec autant de bonheur.

Tous les efforts que nous avons demandés à nos pilotes, à nos observateurs, à nos bombardiers, ils nous les ont accordés. Jamais ils n'ont marchandé leur peine, ni fait état du danger. Ruiner la menace sous-marine allemande, ils s'en chargent. A nous de leur en donner les moyens. Constituons rapidement de riches et puissantes escadrilles d'hydravions et nous lirons bientôt au communiqué les exploits de nos « as » de la mer.

L'Allemagne espère le triomphe sous l'eau à défaut du triomphe sur terre. Notre aviation lui répondra. Sur l'eau comme sur le front du Nord et de l'Est, elle travaillera avec sa jeune et magnifique ardeur à rendre vivant, pour la gloire de la France et le salut du monde, l'antique symbole de la Victoire ailée.

Armand Rio.

11 *mai* 1917.

Les Morts de l'Air

—

La cinquième arme, hélas! possède un martyrologe considérable. Dans l'aviation, on ne se tue pas seulement devant l'ennemi; on meurt à l'arrière en essayant des appareils, en prenant un départ, et tels qui s'étaient signalés par des exploits héroïques ont trouvé une fin sans gloire après avoir si souvent nargué la mort.

Le mutisme conservé par les communications officielles fait croire parfois, à ceux qui ne savent pas, que l'armée de l'air n'est pas aussi atrocement frappée que les autres. Quelle erreur! Et lorsqu'on établira après la guerre la proportion des pertes, je ne serais pas étonné que l'aviation vînt en tête, même avant l'infanterie.

C'est dire que nous ne pouvons dans ces quelques pages rendre à chacun de ceux que nous pleurons l'hommage suprême, dernière consolation de ceux qui restent. Nous serons obligé de faire une sélection, de choisir dans toute cette phalange de héros. Un jour viendra où nous consacrerons à tous un ouvrage qui sera en quelque sorte le panthéon de la guerre aérienne.

*
* *

Parmi les plus fameux pionniers du temps de paix, se trouvait le sénateur Reymond, éminent chirurgien. La mobilisation est décrétée. Au lieu de partir dans le service de santé, il demande à être affecté à l'aviation comme observateur. Il possède son brevet de pilote, il est un aviateur de valeur. Mais il ne veut pas avoir la responsabilité de la vie d'un autre à bord, il confiera la sienne à celui qui lui sera désigné. Je l'ai vu à l'œuvre : jamais je ne dirai assez toute l'admiration qu'imposait cet homme d'âge mûr, recherchant les missions les plus périlleuses et les accomplissant toujours avec une maestria, une science très appréciées du commandement.

Le 21 octobre 1914, parti avec l'adjudant Clamadieu pour une reconnaissance malgré un temps défavorable, il était obligé de descendre au-dessous des nuages pour faire des observations sur le bois de Mortmare. A très basse altitude, il était attaqué aussitôt par l'infanterie et l'artillerie. Obligé d'atterrir à 5o mètres des lignes allemandes, blessé très grièvement, alors que Clamadieu était tué, il ne pouvait être relevé qu'à la nuit. Malgré son extrême faiblesse, il trouvait avant de mourir l'énergie nécessaire pour dicter un compte rendu très précis et fort important de sa mission.

Le sénateur Reymond était l'une des premières victimes de la guerre, alors qu'il aurait pu rendre de si brillants services à la tête de l'aviation. Il la connaissait cette arme pour laquelle il avait tant combattu. Le jour où il disparut, la France fit une perte irréparable. Mais le héros préférait cette fin de soldat aux dorures d'un bureau ministériel. Gloire soit rendue à cette mentalité, que nous devons regretter cependant puisqu'elle nous priva du chef qui s'imposait.

Nous donnerons un passage du journal de route que tenait le docteur Reymond. Le lecteur y verra avec quelle simplicité le héros contait les minutes tragiques de ce début de guerre :

« *Lundi 19 octobre.* — Nuages bas, vent du sud violent. Nous partons à 9 heures 35 et commençons à entrer dans les nuages à partir de 1.000 mètres. Mais les nuages ne sont pas continus ; ils laissent le moyen de se guider le long de la Moselle qu'on monte et qu'on descend pour prendre de la hauteur.

« A P...-sur-M..., 1.500 mètres. Nous nous trouvons dans un nuage dix minutes de suite, face au nord. Puis le nuage se déchire. En bas, paysage inattendu. « Ch..., me crie P..., en me montrant je ne sais quel village de l'ouest. — Non, ce n'est pas Ch... » et je lui montre à notre droite, déjà un peu en arrière de nous, la grande ville qui vient de s'éclairer et que traverse la Moselle : Metz.

« P... me répond par un juron. De fait, pour que nous ayons été portés sur Metz en dix minutes, c'est que nous sommes dans un courant singulièrement rapide. Nous errons et faisons face au vent : nous restons à peu près sur place et j'ai tout le temps de prendre des notes sur les forts, leurs dépendances, les déboisements considérables autour d'eux, les camps retranchés construits sur les plateaux.

« Mais le temps passe et nous n'avançons pas. Bientôt trois quarts d'heure que nous sommes sur les faubourgs de Metz. Grâce au vent dans le nez, nous gagnions de la hauteur. Cette fois, nous reculons.

« Je dis à P... de descendre à 1.ooo mètres. Nous allons être canardés, mais j'aime mieux cela que d'épuiser notre provision d'essence sur Metz pour finalement y atterrir.

« A 1.ooo mètres, nous avançons, mais pas un coup de canon. J'étudie plus facilement les tranchées et les épaulements. Tout cela est vide : toute l'artillerie a déménagé provisoirement ; elle est en face de nous dans la Woëvre.

« Nous avançons. Au-dessous du pont de Corny, pont de bateaux encore non signalé à la hauteur de Novéant. Assez d'essence pour piquer sur Toul. Trois heures de reconnaissance. 5 litres d'essence. »

Le surlendemain, le sénateur Émile Reymond effectuait son dernier vol. Sa mort fut une grande victoire pour l'ennemi!

* * *

Nous avons tenu à donner la place d'honneur de ce martyrologe au glorieux Français qu'était Émile Reymond. Mais dans l'ordre chronologique d'autres avaient déjà trouvé la mort au cours de la guerre.

Parmi eux une perte particulièrement sensible fut celle que nous fîmes dans la personne du jeune Garaix, le 15 août 1914. Ce pilote était celui qui, avant la guerre, avait totalisé les records du monde avec passagers, faisant accomplir en quelques mois de grands progrès à l'aviation lourde. Dès le début des hostilités, il tint à exécuter des bombardements avec son aérobus. A cette époque, cet avion constituait une véritable révolution. Malheureusement, au moment où Garaix essayait avec le lieutenant de Saizieu de détruire une batterie spéciale près de Metz, il était atteint par un obus de plein fouet et tombait pulvérisé sur le sol ennemi.

Cette fin tragique fit abandonner l'appareil, qui présentait de multiples avantages sur les autres engins employés alors pour lancer parcimonieusement quelques kilos de mélinite sur les organisations ennemies.

*
* *

En août également, la cinquième arme perdait l'un de ses meilleurs pilotes : le lieutenant Mendès, chargé de conduire son escadrille de Nancy à Champaubert, avait reçu l'ordre d'atterrir au camp de Châlons pour y prendre des cartes de la région. Là, un cuirassier survient et dit à l'officier :

« Dépêchez-vous de partir, les uhlans sont là ! »

Mendès, chef de la troupe ailée, décide de rester et d'attendre tous ses pilotes. Le lieutenant de Sylvestre arrive. Son camarade lui explique le danger et remet son hélice en marche. A peine de Sylvestre est-il reparti que les Allemands l'aperçoivent, tirent sur lui et crèvent son réservoir, l'obligeant à se poser après quatre minutes de vol. Ces quelques instants ont suffi pour permettre au

Français de se poser dans nos lignes.

Puis c'est le maréchal des logis Vincent qui survient. Même scène. Le sous-officier repart et s'envole en ligne droite pour ne descendre qu'à bout d'essence. Oh! les Boches étaient loin!

Enfin le lieutenant Faurit, dernier pilote de l'escadrille, vient atterrir. Son moteur ne veut pas repartir. Le pilote saute sur une bicyclette pour rejoindre nos troupes. Il rencontre des uhlans dont l'un projette sa lance dans les rayons de la machine. Faurit tombe, se relève et s'enfuit en courant, mais est rejoint dans un bosquet et capturé.

Pendant ce temps, les Allemands étaient arrivés auprès du lieutenant Mendès pour le faire prisonnier. Celui-ci, héroïque jusqu'au bout, après avoir sauvé la vie de ses camarades, tint à faire le sacrifice de la sienne; il se défendit avec son revolver, mais naturellement succomba sous le nombre. Certains déclarent qu'il fut tué dans la bagarre; d'autres prétendent que, pris, il fut fusillé deux heures après. En tout cas, il mourut comme un brave et les Allemands l'enterrèrent avec les honneurs militaires.

*
* *

Le 24 août, le maréchal des logis Benoist était allé faire une reconnaissance du côté de Baccarat. Il devait, au retour, atterrir auprès des troupes françaises pour leur remettre les renseignements ou bien leur lancer un tube porte-dépêches. Le sergent-fourrier Guyot l'accompagnait. La mission accomplie, Benoist revenait, en quête du rassemblement désiré pour lui jeter les documents. A Domptail, il descendait à 5o mètres au-dessus d'un groupe qu'il prenait pour des soldats français, mais il était aussitôt soumis à un feu nourri : horreur, c'étaient des Allemands !

L'avion était criblé de balles ; le câble de gauchissement, des haubans, des longerons étaient à demi sectionnés. Une balle, traversant le plancher, blessait le passager à la jambe et au bras. Une autre, prenant la même direction, atteignait Benoist en pleine poitrine, traversant le poumon droit en diagonale et allant s'arrêter sous l'omoplate.

Dans un admirable sursaut d'énergie, le pilote eut la force de se crisper sur son avion et, malgré la douleur et la perte de sang, remit brusquement à la montée et pendant vingt-cinq minutes continua son vol dans la direction de son aérodrome où il se posa d'une façon impeccable. Il tint à descendre sans aide de son appareil. Il appela alors du secours. On accourut : il tomba épuisé dans les bras des mécaniciens et raconta ce qui s'était passé.

Le lendemain, ce soldat, auprès duquel celui de Marathon semble bien insignifiant, succombait à ses blessures : il avait sauvé son camarade.

*
* *

Telles furent les morts principales de ce début de guerre. Il nous a semblé indispensable, pour simplifier ce palmarès tragique, de classer ceux dont nous parlerons en plusieurs catégories.

A tout seigneur, tout honneur : nous commencerons par les as cités au communiqué, c'est-à-dire de Rochefort, Maxime Lenoir, Sauvage, Hauss, Delorme, chasseurs ; Baron et de Beauchamp, bombardiers.

Puis nous reprendrons les champions qui étaient déjà fameux avant la guerre, les officiers, les engagés volontaires étrangers et nous terminerons par les morts les plus tragiques.

*
* *

Le sous-lieutenant de Rochefort était un engagé volontaire. Il commença sa carrière comme pilote de reconnaissance, mais déjà montrait un goût marqué pour le combat. C'est ainsi que le 12 mars 1916, il en livrait deux. Au cours du second, il permettait à son observateur d'abattre un avion ennemi. Le 30 avril, ayant reçu mission de chasser deux oiseaux allemands réglant un tir qui causait le plus grand dommage à notre artillerie, il partait sur son appareil de chasse, les poursuivait jusqu'à 15 kilomètres dans leurs lignes et triomphait de l'un d'eux à 1.400 mètres d'altitude.

Nouvelle victoire, le 22 mai, avec le capitaine Perrin comme passager. Voici en quels termes de Rochefort annonçait l'événement :

« Je l'ai eu mon troisième et d'une façon indiscutable. Parti lundi à 11 heures 30 pour faire un barrage sur Dunkerque, j'étais à 1.500 mètres. Je vois des éclatements et un

Boche à 3.000 mètres. Je le suis en ramant derrière. Il dépasse Dunkerque, se guide vers Cassel, je le gagne peu à peu et enfin il commence à tirer. Nous répondons. Il perd de la hauteur. Perrin lui décharge un chargeur à 20 mètres. Le Boche pique dans un nuage, je le suis et, quand nous en sortons, nous ne voyons plus que des débris voltigeant en tous sens : les ailes étaient *débinées*.

« J'atterris en sautant un fossé sans dommage et on retrouve des morceaux, les deux cadavres (le pilote avec une balle dans la tête), et le moteur, tout cela en capilotade. »

Ce succès valait la Légion d'honneur au sous-officier déjà médaillé militaire. Le 12 juillet, de Rochefort abattait un L. V. G., et endommageait très sérieusement un autre avion. Trois jours plus tard, il remportait une nouvelle victoire dans la région d'Amiens.

Le 6 août, il incendiait un drachen en descendant à 750 mètres pour l'attaquer. Le 22, un appareil auquel il livrait combat tombait désemparé. Le 14 septembre, il abattait un avion au nord de Péronne et, le lendemain, ne rentrait pas d'une croisière.

On espérait qu'il n'était que prisonnier.

Hélas ! sa fin avait été plus tragique et, quelques semaines après, les journaux allemands apprenaient que le sous-lieutenant Noël de Rochefort était mort de ses blessures. On croit que son vainqueur fut le capitaine Boelke.

*
* *

L'adjudant Maxime Lenoir était un champion du temps de paix. Il le fut davantage encore à la guerre. C'était un de nos plus fins et de nos plus courageux pilotes. Parti pour essayer un nouvel avion, il ne revint pas. Pendant longtemps on crut qu'il avait été capturé simplement, car le capitaine de Beauchamp, son chef d'escadrille, et ses camarades avaient été explorer la région où il était tombé et avaient remarqué à terre un avion intact qu'ils pensaient être le sien. La panne de moteur permettait d'écarter l'hypothèse de la mort. Plusieurs mois après, par la Croix-Rouge de Genève, la famille fut informée que le malheureux avait été tué. Mais la nouvelle demande confirmation.

Peu de héros eurent une plus belle carrière que l'adjudant Maxime Lenoir. Il commença la guerre dans les chasseurs à cheval, car à cette époque les mérites des aviateurs civils n'étaient que difficilement reconnus. Il entrait dans l'aviation fin 1914 et était affecté bientôt à une escadrille de réglage d'artillerie. Il s'y montrait plein de vaillance : nulle mission ne pouvait avoir raison de son courage. Un jour, au cours d'une opération, attaqué par un avion ennemi, il l'abattait en collaboration avec le capitaine Quillien. Une autre fois, sur Caudron, il incendiait un drachen.

Puis il passait au biplan de chasse. Vite il montrait sa valeur. Le 15 mars 1916, protégeant une reconnaissance et ayant sa mitrailleuse enrayée, il remplissait sa mission jusqu'au bout, écartant les avions ennemis et rentrant avec un appareil criblé de balles. Le 29 mai, il forçait un avion ennemi à atterrir, désemparé, près de Brieulles. Le 17 juin, il s'élançait à travers un groupe de vingt avions qui étaient venus lancer des bombes sur Bar-le-Duc. Il obligeait l'un d'entre eux à se poser, endommagé, près de Septsarges. Le 22, il abattait près d'Étain un aéroplane qui capotait, et vers Douaumont en attaquait un autre qui paraissait fortement touché.

A ce moment, Lenoir se livrait avec Pulpe à des expériences qu'il me racontait en ces termes :

« J'expérimente en ce moment un système qui, s'il réussit, peut être infiniment précieux. Grâce à lui, plus de contestation pour les Boches descendus.

« Il s'agit d'un grappin permettant la pêche aux avions ennemis. C'est un long fil en corde à piano de 60 mètres de long. Dès qu'on aperçoit un oiseau ennemi, on le déroule automatiquement. On le laisse traîner, on cherche à couper la trajectoire de l'adversaire et on s'arrange de façon que le fil, qui se termine par un crochet à quatre pointes, se prenne dans l'appareil visé. Si on parvient au résultat désiré, le choc rompt le fil et déclenche une amorce de dynamite. Le Boche saute, et on le voit s'éparpiller dans l'espace.

« Au cas où l'on n'aurait pas réussi et où on serait obligé de rentrer bredouille, on a toute facilité pour couper le fil et supprimer ainsi le risque de sauter à l'atterrissage. »

Le procédé était ingénieux, certes ; malheureusement, il ne donna pas les résultats espérés. Lenoir en conclut qu'il valait mieux faire le combat à la mitrailleuse et il n'eut pas à s'en repentir.

Le 6 juillet, attaque d'un biplan allemand qui pique brusquement vers Montfaucon. De même le 10 juillet.

Une citation rendait hommage à son stoïcisme :

« A livré six combats aériens au cours desquels il a forcé deux avions à piquer dans leurs lignes. A montré en ces circonstances le mépris le plus absolu de la mort en ne prêtant pas la moindre attention à ce que, au cours de quatre de ces combats, son avion ait reçu de nombreuses atteintes du fait des mitrailleuses de ses adversaires... »

Le 30 juillet, en collaboration avec le lieutenant Brindejonc des Moulinais, il abattait un avion ennemi qui tombait dans ses lignes. Ce succès lui valait la citation officielle au communiqué. Le 4 août, il descendait près de Moranville sa sixième pièce officielle qui lui valait la Légion d'honneur avec ce motif :

« Pilote de combat hors ligne, donnant à tous le plus bel exemple d'énergie et d'abnégation. A, depuis onze mois de service ininterrompu à son escadrille, livré avec succès quatre-vingt-onze combats, rentrant fréquemment avec son avion criblé de balles. A abattu, le 4 août 1916, son sixième avion ennemi. »

Le 8 août, il livre combat à six avions ennemis avec le sergent Casale, devenu as depuis, et parvient à les obliger à abandonner la lutte. Il rentre avec quatre balles dans les organes essentiels de son avion. Le lendemain, infatigable, il force un avion à atterrir au nord de Beaumont. Le 12, il abat son septième appareil officiel qui tombe près de Gincrey.

Nouvelle citation qui rend hommage à sa vaillance :

« Pilote d'audace et d'endurance admirables qui vient d'inscrire à son tableau de chasse son septième avion ennemi, abattu après un combat particulièrement acharné et difficile. »

Le 14 septembre, il triomphe de son huitième qui s'effondre au nord de Douaumont. Le 22, il tire à bout portant sur un adversaire qui s'écrase près de Douaumont. Comme on compte à ce moment le drachen incendié naguère par Lenoir, son total atteint ainsi dix Boches hors de combat.

Le 25 septembre, il livre un combat très dur à un biplan qui vient s'écraser au sol près de Fromezey. C'est sa onzième et dernière victoire.

C'est en ces termes qu'il me la contait.

« J'avais aperçu un Boche et m'étais précipité vers lui. En approchant, je me rends compte que c'était un véritable aérobus, quelque chose comme une citadelle volante. Dame ! j'y étais, j'avais fait les frais du voyage, je ne pouvais tout de même pas tirer ma révérence. De quoi aurais-je eu l'air ? Oh ! mais j'étais obligé de baisser la tête à mesure que j'approchais. Il y avait des mitrailleuses partout.

« Ce n'est pas drôle, lorsqu'on est en tête à tête avec soi-même là-haut, de se voir « sonner » par toute une bande de mitrailleuses attachées à votre perte. Certains prétendent qu'ils y vont par plaisir. N'en crois rien. D'autres affirment que ce n'est pas dangereux. Ils le diront jusqu'au jour où ils seront descendus. Je ne suis ni plus crâne, ni plus froussard qu'un autre, mais je déclare simplement avec toute ma sincérité que c'est profondément désagréable. On ferme les yeux, on rentre la tête dans les épaules, on attend que la rafale soit passée, on riposte, on regarde et, tant que l'on ne voit pas l'émiettement de l'aéroplane dans l'espace, on n'a pas le sourire. On reste là parce qu'on est Français et qu'un Boche est en face de soi. On cherche à l'abattre, on ne veut pas lui laisser le champ libre pour l'empêcher de « crâner » quand il rentrera chez lui. C'est tout. C'est du patriotisme, c'est de l'esprit français, soit, mais dire que c'est de la distraction, du sport, allons donc! Il n'y a que ceux qui ne l'ont pas fait sérieusement pour le prétendre!

« Mais revenons à mon Boche, sans quoi je deviendrais sévère pour certains! Je me trouve donc dans la situation du monsieur qui est entré dans une ruelle au milieu de laquelle se trouve une bande d'apaches et qui, par orgueil, ne veut pas rebrousser chemin. Il continue sa route, tout en se préparant à soutenir le choc. C'est ce que je fis. Il fallait faire ce que nous appelons du « rentre dedans ». Je fonce. J'évite ou plutôt la Providence me fait éviter les balles de l'adversaire. Je suis criblé, mais sans être en trop mauvaise situation. A un moment, une balle explosible éclate, ricoche et m'atteint au coin de l'œil. Je continue à dérouler mes bandes et soudain, ô joie! alors que je commençais à désespérer, que vois-je? L'avion kolossal adverse s'ouvre en deux, les trois personnages qui le montent s'éparpillent dans l'espace et, sans pouvoir faire le bilan de tout ce qui tombe, je reste le maître de la situation.

« Je rentre, mais dans quel état! Outre la blessure que j'avais à l'œil et dont je souffrais cruellement, j'avais mon réservoir d'essence crevé et le montant gauche de la cabane entièrement sectionné. J'avais une fois de plus gagné, mais pas sans peine.

« Enfin peu importe, un encore et j'aurai la douzaine! »

Hélas! le malheureux ne pouvait atteindre le chiffre fatidique. Le 25 octobre, il partait en croisière sur un nouvel appareil. Il n'est pas revenu!

*
* *

Le sergent Sauvage était le benjamin des as, ayant obtenu la citation au communiqué à l'âge de dix-neuf ans. C'est le 9 juillet 1916 qu'il obtenait sa première victoire dans la région d'Amiens. Il remportait un nouveau succès le 19 juillet 1916 à l'est de Péronne. Troisième Boche abattu le 31 août 1916, au bois Devise; quatrième au sud de Miserey, le 28 septembre, et citation au communiqué le 2 octobre à la suite de son cinquième avion allemand abattu. Le 3 novembre, son adversaire s'abat en flammes à Mesnil-en-Arrouaise. Le 9, il endommage sérieusement un appareil; le 16, il descend probablement un L. V. G. entre Bertain et Ormicourt; le 23, il triomphe sans doute d'un autre près de Béthencourt.

Il attaque, le 10 décembre, un Rumpler qui tombe au sud de Monthois et achève de se brûler au sol. C'est son septième. Le 27 décembre enfin, il attaque un Albatros qui tombe en glissade et s'effondre aux environs de Moronvilliers : huitième et dernier succès.

Quelques jours avant sa mort, il m'exposait sa tactique de la chasse :

« Le combat aérien est très délicat, me disait-il, car il n'est pas question de supériorité d'un homme sur l'autre. Deux adversaires sont en présence, l'un d'eux doit être immolé. Le tout est de ne pas être celui-ci. Mais le plus remarquable, le plus adroit peut fort bien être la victime d'un novice, d'un apprenti.

« Et c'est pourquoi chaque fois que l'un de nous s'élève, même le plus habile, ce n'est pas sans un serrement de cœur que nous comptons les minutes à partir du moment où nous pensons qu'il devrait être rentré. Il faut beaucoup de fatalisme dans ce métier. Nous sommes tous marqués. Le tout est de savoir quelle est la marque qui nous est réservée. Chez les Romains, au cirque, selon qu'on devait être tué ou non, les spectateurs levaient ou baissaient le pouce. Chez les chasseurs, c'est la même chose, avec cette différence que nous ne voyons pas le verdict du pouce.

« Aussi faut-il aller crânement, ne rien redouter et attendre tout de sa bonne étoile. Et puis, d'ailleurs, la mort en beauté, sur le coup, n'est pas une éventualité plus redoutable qu'un changement quelconque dans une situation. C'est la vie qui tourne mal, un point, c'est tout! »

Ces paroles dans cette bouche juvénile présentaient une beauté tragique. Sauvage se rendait fort bien compte qu'il jouait à une loterie dont le tenancier a beaucoup plus de chances de gagner que le joueur : c'est une roulette où il y a une multitude de zéros.

Le 7 janvier 1917, il partait en croisière. Des camarades l'apercevaient à 3 heures 20 à l'est de la Maisonnette. Soudain un obus l'atteignait, il tombait en vrille, s'écrasait à terre.

Il n'avait pas même eu la satisfaction de succomber dans un duel contre un avion !

Le maréchal des logis Hauss avait eu une carrière prodigieuse. Il avait obtenu la citation au communiqué en cinq semaines, abattant quatre avions en six jours.

C'était trop rapide ! Dans la chasse, il ne faut pas aller vite en besogne, sans quoi on risque de prendre une confiance exagérée en soi et de se livrer à des imprudences néfastes.

Le tableau de Hauss montre la valeur de son exceptionnel record :

18 *décembre* 1916. — Avec le maréchal des logis Bertrand, Hauss abat un avion qui s'effondre dans ses lignes.

23 *janvier* 1917. — Hauss triomphe d'un avion au sud de Spincourt.

24 *janvier*. — Avec le maréchal des logis Bertrand, il descend un avion entre Gincrey et Maucourt.

25 *janvier*. — Hauss incendie un avion au nord de Gincrey.

26 *janvier*. — Avec l'adjudant Belin, Hauss remporte sa cinquième victoire au sud d'Avocourt.

Mais, hélas ! ces prodiges de vitesse étaient sans lendemain, et, le 15 février 1917, Hauss était à son tour abattu en flammes dans nos lignes par un avion ennemi. Le malheureux, qui s'était marié quatre mois avant, mourait à vingt-six ans.

Quelques jours avant sa mort, il m'avait fait part de ses impressions :

« Ma plus forte émotion date du 24 janvier. Jusqu'alors nos victimes n'avaient jamais été extraordinaires. Je n'avais pas été opposé à des hommes de grande valeur. Mais ce jour-là c'est un as que j'avais en face de moi.

« Après avoir tiré une centaine de cartouches, ma mitrailleuse s'enrayait soudain. Nous étions presque en corps à corps et, tandis que lui continuait à dérouler ses bandes, il m'était impossible de riposter. Jusque-là je n'avais pu tirer que par rafales de quelques balles, pendant plus de dix minutes, car le Boche se remuait comme une anguille et je ne pouvais jamais le trouver dans ma ligne de mire.

« Une fois que je me trouvai désarmé, la situation devint périlleuse. L'autre jouait le rôle d'une sangsue vis-à-vis de moi. Que faire? Je n'hésitai pas. Au risque de faire céder une pièce essentielle de mon avion, je me laissai tomber comme une pierre sur une aile et rompis ainsi la passe, sans risque, je vous le garantis, d'être poursuivi.

« Quelques instants après, je me vengeais en abattant mon troisième avion. »

*
* *

J'avais surnommé, plaisanterie bien innocente et peu drôle, le sous-lieutenant Delorme, « l'as partout », car il avait obtenu la citation au communiqué d'abord comme bombardier, et quelques mois plus tard comme chasseur. Cet éclectisme ne devait pas lui porter bonheur et il se tuait dans un accident d'entraînement, d'une banalité stupide, le 14 janvier 1917.

Delorme était un brave entre les braves. Après avoir fait merveille dans l'infanterie où il avait été blessé deux fois, il fit preuve comme pilote des plus belles qualités de courage et d'adresse.

Le 25 janvier 1916, il accomplissait deux reconnaissances photographiques importantes. Au cours de la première, son avion était sérieusement atteint. Pendant la seconde, il était mis hors de service. Il exécutait cependant ses deux missions et combattait trois appareils qu'il mettait en déroute. Le 6 février, il descendait à 700 mètres pour incendier la gare d'Achiet-le-Grand. Perdu au retour dans les nuages, il parvenait, au bout d'une heure, n'ayant plus d'essence, à atterrir dans nos lignes. Le 28 mai, après avoir exécuté un bombardement à longue portée, il était attaqué par un avion de chasse qu'il abattait, et rentrait avec son appareil criblé de balles.

Il recevait la Légion d'honneur à la suite de cet exploit :

« Envoyé en reconnaissance le 18 juin 1916, a livré un premier combat à un aviatik ennemi, l'a obligé à rebrousser chemin. Attaqué à 18 kilomètres en arrière des lignes par trois Fokkers ennemis qui le prenaient par derrière et de flanc, leur a vaillamment fait face en confiant les commandes de son appareil à son mitrailleur pour pouvoir se servir de la mitrailleuse arrière. Le mitrailleur étant mortellement blessé et tombé sur la carlingue, a repris les commandes de l'appareil et a continué à se battre. Deux des appareils ennemis ayant abandonné la lutte, faute de munitions, a pu, tout en pilotant, continuer à tirer derrière lui et abattre le dernier ennemi. Est rentré à l'escadrille, son mitrailleur frappé à mort, ayant lui-même ses vêtements troués par les balles, son appareil complètement criblé. »

Ce drame de l'air où le soldat Jobelin trouva la mort ne dépasse-t-il pas en horreur tout ce qui peut être imaginé? Ne croirait-on pas, en lisant ces lignes officielles, consulter le résumé d'une nouvelle d'Edgar Poe?

Le 24 juillet, le communiqué parlait pour la première fois du héros :

« Un de nos pilotes, le sous-lieutenant Delorme, déjà cité six fois, vient encore de se signaler par une série de bombardements exécutés sur les gares tenues par l'ennemi. »

Le 31, au cours d'une reconnaissance de secteur, le remarquable pilote était blessé par un éclat d'obus, mais parvenait à rentrer au terrain. Il profitait de cet incident pour demander un avion de chasse à sa sortie de l'hôpital.

Le 1er décembre, un avion attaqué par lui tombait désemparé, l'observateur tué, près de Tahure. Le lendemain, Delorme obligeait un autre à atterrir brusquement à Vaudesincourt. Le 20, nouveau succès et, le 21, cinquième victoire officielle : il atteignait trois avions ennemis à 10 kilomètres dans les lignes adverses. L'un d'eux piquait, vrillait et s'écrasait au sol près d'Orfeuil.

Tel fut l'un des plus glorieux héros de cette guerre.

***

Delorme nous a servi de transition parmi les as. Nous allons passer aux bombardiers. Ceux-ci sont rares qui ont les honneurs du communiqué : à part Delorme, seuls ont pris place sur le palmarès le commandant Happe, les capitaines de Beauchamp, Daucourt et l'adjudant Baron.

Baron et de Beauchamp ne sont plus.

L'adjudant Baron était un pilote admirable. C'était un spécialiste du vol nocturne. Un jour, le 12 octobre 1916, on commit l'imprudence de le laisser participer au bombardement diurne des usines Mauser à Oberndorf. Un obus de plein fouet l'atteignit. Il s'effondra dans l'espace.

Depuis le 14 juillet 1916 jusqu'au jour de sa mort, il multiplia les exploits. Il s'envolait presque toujours seul avec un bombardier et allait porter au loin les ravages et la dévastation. C'est ainsi qu'il se rendit deux fois sur Rothveil et une fois sur Ludwigshafen.

Un de ses passagers, le bombardier Estève, avec lequel il accomplit plusieurs prouesses, va nous donner le récit de l'une d'elles :

« — Dépêche-toi de guérir, je prépare quelque chose pour notre fête.

« Ainsi me parlait un jour Baron qui était venu me voir à l'infirmerie où l'on me soignait à la suite d'une chute terrible.

« La veille du 14 juillet, il s'approche de moi à la cantine :

« — Veux-tu que nous partions cette nuit?

« — Ça me plaît, répondis-je.

« — Alors, occupe-toi du zinc; moi je vais régler les autres questions.

« J'arme l'appareil, l'artificier installe les bombes (des 200) et Baron revient :

« — Avec ce temps-là, nous ne partirons pas avant minuit.

« Une dernière visite à l'éclairage de bord, puis, en attendant l'heure du départ, nous travaillons un peu la carte de la région.

« Des nuages et de la brume. Baron hoche la tête :

« — On se perdra peut-être, déclare-t-il froidement.

« — Je connais un peu la région, mais on n'y verra pas grand'chose.

« Minuit! Nous partons. C'est à peine si je vois Lure en passant, puis j'aperçois Belfort. La brume s'épaissit. Un très fort vent de côté nous fait dériver à un tel point que, la brume passée, je retrouve Belfort à ma droite. Nous piquons sur Mulhouse.

« — Ce doit être Colmar, me dit Baron, sans doute pour voir s'il peut être sûr de moi.

« — Non, je reconnais Habsheim. Il y a vol de nuit. A combien sommes-nous?

« — 400 mètres, m'avoue mon pilote en

riant, mais je vais monter pour apercevoir le Rhin.

« Peu après, en effet, une nappe de brume laiteuse nous indique le fleuve.

« — Regarde bien si tu vois les deux ponts, m'indique Baron.

« — Là, un peu à gauche.

« — Ah! oui!

« Voilà Mulheim. Nous sommes au-dessus. Baron amorce une spirale très penchée pour me permettre d'observer.

« — Sur la gare, hein! me conseille-t-il.

« On voit difficilement, tout est éteint. Seul, un train venant de Bâle nous montre des phares.

« — Pour tout à l'heure celui-là, déclare mon pilote.

« J'ai repéré. Il rétablit l'avion. Le moteur est au ralenti. Nous sommes à 5oo mètres. Je lâche ma première bombe. Elle met longtemps avant d'éclater, car l'amorçage est retardé.

« — Es-tu bien sûr qu'elle soit tombée? me demande Baron.

« Au même instant, nous percevons une détonation formidable qui fait un peu chavirer l'appareil. Des flammes s'élèvent.

« Baron a le sourire :

« — A l'autre, dit-il.

« Un second tour et je lance ma seconde bombe.

« Après un temps, nous éprouvions encore la joie de voir flamber du Boche.

« — As-tu des cartouches pour la caserne et pour le train ?

« — Oui, la caserne d'abord, je ne vois plus le train.

« Nous descendons de plus en plus, si bas que je distingue les vitres des bâtiments militaires. La belle cible ! Je vise avec le plus de précision possible. Je subis deux enrayages, je répare.

« — Gardes-en pour le train, j'y tiens, me recommande mon camarade.

« Nous remontons la voie ferrée jusqu'à Fribourg sans apercevoir le moindre convoi. Baron fait la grimace.

« — Je crois qu'il nous a possédés, dit-il. Remontons sur Bâle, peut-être est-il par là !

« En effet, il s'était arrêté avant Mulheim et avait éteint ses feux ; mais comme nous étions à 150 mètres d'altitude, je pouvais distinguer dans l'obscurité ses wagons peints en blanc.

« — Nous allons d'abord faire un tour au-dessus, tu tireras quand nous repasserons, m'indique Baron.

« J'envoie tout un rouleau de cartouches, puis ma mitrailleuse s'enrayant encore, je tire avec ma winchester et mon mousqueton.

« — Il faut rentrer, car j'ai demandé qu'on allume des feux à 2 heures 30, me dit Baron.

« Quelques obus nous accompagnent, mais leur tir n'est pas précis. Les projecteurs font rage, heureusement les nuages nous cachent. A ce moment, le « plafond » est à 600 mètres et la couche de nuages a au moins 700 mètres d'épaisseur. Nous sommes forcés de monter en spirales, nous faufilant à travers les rares et petites éclaircies.

« A 2.000 mètres, la mer de nuées la plus compacte. Je ne vois plus le sol, même à la verticale. Nous décidons de monter plus haut pour voir les feux de Luxeuil, mais rien.

« Je devine, plutôt que je ne vois, le projecteur de Dannemarie.

« — Nous devons approcher de Belfort, hein ! Baron ?

« — Je ne sais pas au juste, me répond-il ; mais ça ne fait rien, j'ai de l'essence pour durer jusqu'au jour. En marchant plein

ouest, si le « moulin » ne nous « plaque »
pas, nous serons tout de même en France.

« Peu après, je m'affale dans la carlingue.

« — Qu'est-ce qu'il y a? me crie mon camarade.

« — Rien, c'est mon siège qui vient de casser.

« Je me cale dans la nacelle, les genoux
aidant, et je fouille du regard. Enfin, voici au
loin le Salbert, puis les hangars à dirigeables
qui semblent de petits moules à pâtisserie,
la Savoureuse et enfin Belfort.

« Mais le vent nous amène une autre vague
de brume et on recommence à ne plus rien
voir.

« Tout à coup une petite lueur perce le
brouillard.

« — Vois-tu là-bas cette flamme? m'indique
Baron.

« — Luxeuil, hein?

« — Oui, tout va bien.

« Nous mettons le cap dans la direction et
nous descendons. Je reconnais bientôt la caserne de Lure. Un quart d'heure après, nous
voyons les hangars de notre port d'atterrissage, mais les feux ne s'allument pas.

« — Qu'est-ce qu'ils f...? hurle Baron.

« Nous tournons un moment au-dessus du terrain. Tout finit par s'allumer. Nous atterrissons en deux fois, mais « comme une fleur ».

— « Pourquoi n'allumiez-vous pas les feux? demande Baron aux mécaniciens.

« — On vient de nous signaler une escadrille ou un zeppelin au Ballon d'Alsace, alors on ne savait pas trop si c'était vous ou eux. On ne vous a reconnu que lorsque vous étiez bas, par vos lampes.

« Le Corsaire, ce jour-là, était content de nous et faisait citer l'équipage à l'ordre de l'armée. Plus tard, les journaux allemands avouèrent des pertes qui ne manquèrent pas de nous flatter, car au tableau figurait, parmi les victimes, un commandant de batterie antiaérienne. »

Ce récit donne une idée de l'audace de Baron et de ceux qu'il choisissait pour l'accompagner. Aussi ne peut-on que regretter davantage encore la disparition de ce grand bombardier, unique, semble-t-il, en son genre.

*
* *

Une autre perte irréparable fut celle que

nous fîmes en la personne du capitaine de Beauchamp. Éclectique entre tous, ce héros excella dans toutes les missions qui peuvent être accomplies en aviation.

Au début de la guerre, lui qui avait eu à triompher de nombreuses difficultés pour entrer dans la cinquième arme, se spécialisait dans les bombardements et les reconnaissances.

Le 17 juillet 1915, il m'écrivait :

« J'ai quelques lignes de mon carnet de vol qui vous intéresseront peut-être, en ce sens qu'en aviation on est souvent le seul à avoir vu ce que l'on a vu, puisque l'on travaille isolément.

« Ainsi j'ai assisté, dans la nuit, fin avril, à l'atroce mort de ce héros qu'était le capitaine Dessirier, car mon biplan était auprès du sien quand il a été anéanti (nous étions tous deux seuls de l'escadrille).

« Lorsque je raconte cette vision d'horreur, je n'ose y croire ; c'est tellement affreux qu'il me semble vivre un cauchemar d'Edgar Poe.

« Nous étions partis avant le lever du jour, afin de passer au-dessus des tranchées sans être incommodés. Nous allions opérer un bombardement. Nous voguions de conserve. Là-bas, tout là-bas, les premières lueurs de l'aurore cherchaient à se faufiler à travers les épaisseurs des ténèbres. Nous approchions du but, nous le cherchions, il était presque au-dessous de nos ailes, lorsque soudain une grande flamme embrase l'espace non loin de moi.

« Sur le moment, je ne me rends pas compte de ce qui se passe. Bientôt, plus de doute. Je distingue une immense torsade de feu qui vrille dans l'abîme et se hâte vers le sol où elle s'écrase. Là l'incendie semble plus à l'aise, s'étale, s'étend.

« C'était mon malheureux compagnon de route, mon ami héroïque, c'était Dessirier qui achevait d'être carbonisé au sol. Son bombardier avait dû heurter le bord de sa carlingue avec un obus armé, le percuteur avait agi, la bombe avait explosé et le drame s'était continué dans les flammes.

« Détail tragique : c'est grâce aux lueurs du sinistre où mon pauvre camarade grésillait que je pus me repérer pour découvrir l'objectif cherché et que je réussis à effectuer un excellent bombardement. »

Le capitaine de Beauchamp attaquait, le 15 avril 1915, le grand quartier général de

Guillaume II à Charleville et parvenait à y placer de façon si efficace ses cinq obus que le lendemain l'établissement impérial était reculé de 12 kilomètres.

Et presque chaque semaine c'est une nouvelle prouesse à l'actif du glorieux officier. Le 10 octobre, au cours d'une reconnaissance, il attaque quatre avions et les oblige à atterrir en les poursuivant jusqu'à 1.100 mètres et en tirant sur eux quatre cent cinquante cartouches. Au retour, à court de munitions, il est assailli par un appareil de chasse à deux mitrailleuses qui dirige sur lui un feu précis. Il lui tient tête crânement et le décide à abandonner le duel en feignant une attaque. Au retour, son avion était hors d'usage.

Le 9 avril 1916, il abat un Fokker dans nos lignes ; le 22 mai, il incendie un drachen. Puis c'est le raid inoubliable sur Essen qu'il exécute en compagnie du capitaine Daucourt, le 24 septembre 1916 : parti à 11 heures, il rentre à 5 heures du soir, ayant effectué plus de 700 kilomètres entre 4.000 et 5.000 mètres.

Le 24 octobre, il attaque un convoi à la mitrailleuse et, malgré l'enrayage de son arme, y porte le désordre et la confusion. Puis ce sont maintes reconnaissances à longue portée.

Le 17 novembre, nouvel exploit fantastique :
il part à 8 heures du matin de Luxeuil, il
bombarde Munich à midi et atterrit à San-
Dina-di-Piava, en Italie, à 4 heures de l'après-
midi, après avoir traversé les Alpes.

« Raid très amusant et nullement dangereux, me disait-il à son retour. Je l'ai fait
jusqu'à Munich entre 25 et 50 mètres d'altitude. J'avais l'impression de monter une voiture volante. Je suivais les routes, les voies
ferrées ; je prenais les tournants. C'est tout
au plus si je ne m'arrêtais pas aux passages
à niveau. Et l'effroi des Munichois me voyant
arriver pour leur déjeuner ! Je crois avoir fait
du bon travail, j'ai attendu de constater les
effets de mon attaque pour m'en aller.

« Mais on a trop parlé de ce bombardement
et je vous assure qu'un vol de liaison d'infanterie de 2 heures au-dessus des lignes boches à 50 ou 100 mètres, parfois à travers les
balles et les trajectoires d'obus, est autrement
dangereux et mérite davantage l'admiration
du public.

« Chaque jour, mes camarades et moi en
les accomplissant courons plus de risques et
avons plus besoin de recourir à notre courage
que pour un voyage semblable. Telle est

l'injustice humaine qui prouve combien les foules ont besoin d'être éduquées. »

De Beauchamp était un phénomène d'héroïsme et de modestie, c'était une grande âme. Tous ceux qui l'ont connu le pleurent.

Le 18 décembre 1916, parti en croisière pendant une attaque, le malheureux, attaqué à faible altitude par quatre Allemands, succombait sous le nombre. Il était tué d'une balle au front et tombait auprès des ruines du fort de Douaumont.

Quelques heures avant sa mort, comme s'il avait un pressentiment, il envoyait à une amie ce billet : « Je partirai seul là-haut », et au-dessous il avait écrit ces vers :

L'abîme est sous nos pieds, insondable et profond;
Aucun espoir ne reste à celui dont la balle
Interrompt tout à coup la marche triomphale :
Il faut vaincre ou mourir. Ici point de pardon !
Nul ne sait en partant s'il reviendra. N'importe !
Si la mort nous atteint là-haut et nous emporte,
Si ce vol est marqué comme notre dernier,
C'est notre corps lui seul, que notre chute écrase
Et qui devient au sol un atroce charnier.
Notre âme accoutumée à l'immortel espace
Y demeure. Elle en sait tous les chemins, et Dieu
N'a pour la recueillir qu'à se pencher un peu !

Il est des familles dont la destinée est tragique : de même que le sous-lieutenant Delorme avait eu son père décapité par un train pénétrant dans un tunnel, le capitaine de Beauchamp avait perdu sa mère dans l'incendie du bazar de Charité.

*
* *

Plusieurs ouvrages seraient nécessaires pour rendre hommage à tous nos héros disparus. Nombreux parmi eux sont ceux dont l'existence mériterait un livre spécial : tel est Marc Pourpe, tué en décembre 1914, après avoir accompli comme engagé volontaire de nombreux exploits qui l'avaient fait admirer de tous dans son escadrille où se trouvaient les plus grandes gloires de l'aviation civile, Roland Garros et Gilbert. Pourpe avait un rêve : il voulait montrer l'importance que pouvait prendre l'aéroplane aux colonies. A lui seul, sans aucune aide de qui que ce soit, par sa volonté, son énergie, son courage, il avait réussi à prouver la grandeur de sa conception. Ses voyages aux Indes, au Cambodge, au Tonkin, en Cochinchine, en Annam, son raid inoubliable du Caire à Khartoum et retour, soit 4.500 kilomètres au-dessus du désert, le rendirent célèbre. Lord Kitchener avait une profonde admiration pour lui. Je crois que cette affirmation dispense de tout autre éloge de la mémoire de ce jeune homme fin, distingué, dont l'âme était l'une des plus belles, des plus honnêtes qui puissent être imaginées.

Pégoud, avant la guerre, était populaire dans le monde entier. Il était le créateur du vol acrobatique qui sauva la vie de tant de pilotes, qui est la base du combat aérien. Soldat, il fut peut-être plus admirable encore. A une époque où les duels dans les nues étaient pour ainsi dire inconnus, il fut un précurseur et abattit une demi-douzaine d'ennemis. Quelle que fût la mission qui lui était confiée, il l'accomplissait toujours avec une maestria proverbiale dans l'armée. Sans cesse à l'affût des expéditions dangereuses, il faisait preuve d'un éclectisme rare, aussi habile à descendre à 150 mètres pour bombarder un objectif ou faire une reconnaissance qu'à foncer sur l'adversaire à 3.000 mètres. Hélas ! un jour s'attaquant à un avion blindé piloté par le caporal Kandulski, tué depuis par le sergent Ronserail, il fut atteint en plein cœur par la dernière balle de l'ennemi.

Marc Bonnier, que de nombreux raids, tels que celui de Paris au Caire, avaient placé parmi nos meilleurs pilotes civils, prit part à nos plus importantes opérations de bombardement, notamment aux raids sur Ludwigshafen et Carlsruhe. Il se tua en Russie où il était allé renforcer le contingent de nos alliés.

Georges Boillot, roi du volant, vainqueur des Grands Prix de l'Automobile-Club de France de 1912 et 1913, vaincu en 1914 par l'Allemand Lautenschlager, a trouvé la mort également à la guerre. Mais auparavant il eut la satisfaction de prendre sa revanche. Automobiliste au début de la guerre, il avait bientôt demandé à entrer dans l'aviation, dont il avait été l'un des premiers brevetés aux temps héroïques. Il devint rapidement un virtuose de l'avion de chasse et, dès son arrivée au front, prouva qu'il serait dans les airs ce qu'il avait été sur les routes.

Le 31 mars 1916, il remportait sa première victoire. Il me la racontait dans une lettre :

« Vers 10 heures du matin, un avion ennemi était signalé vers Dannemarie. Je m'élançais à sa poursuite. A 1.800 mètres, j'arrivais sur les lignes. Il m'aperçoit et s'enfuit. Au même instant, éclatements d'obus sur Thann. Je me dirige vers ces indices, tout en montant. Étant à 2.600 mètres, je vois sur ma gauche, à 500 mètres au-dessus, un Allemand se préparant à attaquer l'un des nôtres qui pique pour se mettre à l'abri. Le Boche n'insiste pas et vire pour regagner son terrain. En tournant, il m'aperçoit, et, à 300 mètres, tire sur moi, sans effet d'ailleurs. Je le prends en chasse jusqu'à la forêt de Nonnenbrück et le gagne de vitesse. Je ne suis plus qu'à 150 mètres lorsqu'il se met à la descente et me brûle la politesse : il va atterrir.

« Navré, je revenais morne et taciturne. En cours de route, je changeais deux fois de rouleau de cartouches, l'un d'eux ne fonctionnant pas à souhait, puis j'essayais le dernier et en tirais cinq ou six balles. Arrivé au-dessus de mon terrain, je me préparais à me poser lorsque j'observe la flèche d'alerte indiquant un nouvel avion ennemi dans la direction de Dannemarie. Vite je repars et distingue le même appareil que tout à l'heure, rentrant encore dans ses lignes. Ce devait être un régleur d'artillerie qui avait ordre d'éviter tout combat.

« De plus en plus morne et taciturne, je vire à nouveau pour rentrer. Mais là-bas un point blanc se détache sur la forêt de Nonnenbrück, se dirigeant vers Thann. A tout hasard, je manœuvre pour conserver le soleil dans le dos, au cas où ce serait un adversaire. Mais ce petit avion, rapide, élégant, ressemble bien à un Nieuport. N'importe, soyons prudent. Et tandis que je garde ma position favorable, je me prépare à toute éventualité. Je laisse le point blanc se diriger vers nos lignes, les dépasser. Je le suis. Un mouvement de gauchissement, l'avion penche légèrement et je reconnais les fameuses croix noires.

« Plus de doute. Il faut que je tâche de l'abattre.

« Je continue la chasse. Je suis à 100 mètres au-dessous. Tout à coup, il oblique légèrement à gauche. Je vois l'observateur se lever et me mettre en joue avec sa mitrailleuse. La situation devient délicate.

« L'ennemi fait une brusque conversion et vole parallèlement à moi. Le tir commence. Plusieurs balles tapent dans l'avion, un bruit métallique se fait entendre. Inquiet, j'écoute mon moteur comme on ausculte un enfant malade : le rotatif tourne toujours et ronronne avec entrain. Pendant ce temps, sous le feu continu, je me rapproche de plus en plus. Je ne suis qu'à 20 mètres. Le moment n'est pas encore venu, car je n'ai que quarante balles à ma disposition. Il ne s'agit pas de manquer ma proie. Encore quelques mètres. Je fais crochets et zigzags pour tâcher d'esquiver les attaques ennemies et, lorsque je ne suis plus qu'à 15 mètres, je déroule mon unique bande en visant l'avant du moteur.

« Aussitôt je vois mon adversaire cabrer violemment, mais en même temps je reçois un choc formidable dans la direction et mon appareil pique verticalement en chute, sans que je puisse le redresser. En manœuvrant les diverses vitesses du moteur, je rétablis l'équilibre et commence une large spirale à gauche dans une position à peu près normale.

« Rassuré relativement, je me retourne et — horreur ! — je vois le plan fixe et les gouvernails inclinés à 45 degrés vers la droite, toute la queue déformée et la toile flottant au vent. Que sera la descente ? Et l'atterrissage ? Arriverai-je même jusque-là, en vie ? Le moindre mouvement, le geste le plus infime, le remous inattendu ne rompront-ils pas la fragilité du frêle esquif ?

« A quelques mètres d'un terrain qui me semble favorable, je coupe. Mon « Bébé » touche terre : je saisis solidement à deux mains les tubes d'écartement du fuselage et j'attends la fin stoïquement. L'avion saute en l'air, revient, se pose, et capote.

« Retenu par ma ceinture et par les bras, je me retrouve la tête fichée en terre. L'essence coule des réservoirs. Je me hâte de sortir de ma position anormale pour quitter ce voisinage malsain, dans la crainte d'un incendie. Remis sur pied, je constate que tout va bien et que, seul, mon appareil a souffert.

« Et l'autre ? Le Boche ! Cet aviatik minuscule copié sur le Nieuport, qu'est-il devenu ? Je suis en train de me le demander lorsque des soldats arrivent en courant. Ils me croyaient mort, ayant assisté à ma descente qui ressemblait si bien à une chute ! Ils m'apprennent que ma victime — car victime il y a — est tombée près de La Chapelle-sous-Rougemont, à côté de Soppe, *chez nous !* L'observateur, lieutenant Kahl, a une balle dans la tête et est resté dans l'appareil auprès des deux mitrailleuses. Le pilote, Steinberg, projeté hors de la nacelle, a été retrouvé à 350 mètres de son camarade. Il a une balle au cœur, une au ventre. Quant à l'avion, il n'en reste rien.

« Je suis vengé du Grand Prix de l'A.C.F. de 1914 : non seulement j'ai tué deux Boches, mais ceux-ci, comme Lautenschlager, avaient un moteur Mercédès — hélas ! — une magnéto Bosch — holà ! — et — horreur ! — des pneus Continental ! »

Bientôt le malheureux Boillot demandait à être affecté à une escadrille opérant à la bataille de Verdun. Un soir, au crépuscule, en effectuant un dernier tour sur les lignes, il était assailli par quatre avions et, succombant sous le nombre, était tué à son tour, après avoir abattu l'un de ses agresseurs.

C'est également devant Verdun que Le Bourhis et Brindejonc des Moulinais trouvèrent la mort. Le Bourhis avait commencé sa carrière d'homme de l'air en se laissant tomber en parachute du haut d'un avion. Il avait même été victime d'un très grave accident. A peine guéri, il avait changé de place et de passager était devenu pilote. Il était l'un de nos plus remarquables virtuoses du looping et des vols à l'envers. A la guerre, il devint sous-lieutenant et obtint la Légion d'honneur pour avoir abattu deux avions, dont l'un sur avion-canon et l'autre sur Nieuport. Celui-ci s'était pulvérisé dans nos lignes. Atteint au cours d'un combat d'une balle dans les reins, ce glorieux pilote eut l'énergie de regagner son terrain d'atterrissage, mais mourut le surlendemain.

Quant à Brindejonc des Moulinais qui, à la suite de ses fameux raids au-dessus des capitales et de son voyage Paris-Berlin-Varsovie dans la même journée, s'était vu décerner la Légion d'honneur à vingt ans, avant de partir au service militaire, il trouva une mort tragique au cours d'une croisière. Les causes de sa fin sont un peu mystérieuses. Mais l'aviation a perdu en lui l'un de ses plus remarquables, l'un de ses plus grands héros.

Il était devenu lieutenant en récompense des multiples exploits qu'il avait accompli pendant la guerre. A la bataille de la Marne, par ses reconnaissances multiples, par ses bombardements incessants, il avait été l'un des plus précieux auxiliaires du commandement. Il avait réussi à faire respecter l'aviation et à lui attirer la confiance de ceux

— nombreux, hélas ! — qui ne croyaient pas en elle !

Tombé malade, très gravement, à la suite d'un surmenage qu'il s'était imposé, lorsqu'il repartit au front ce fut comme chasseur. Il avait déjà abattu deux avions lorsqu'il tomba au champ d'honneur. Nous publierons une de ses lettres à sa famille pour montrer la modestie et la gravité de cet officier de vingt-deux ans :

« 4 avril 1915.

« Chère Maman,

« C'est Pâques ! C'est triste ! Il pleut ! Les gens ont l'air badaud, j'ai fait le tour de la ville par mesure d'hygiène et je rentre chez moi dégoûté. Ce qu'il y a de bon c'est que le dégoût du dehors me donne le goût du dedans et du travail, et que les deux alternent.

« J'ai essayé de pénétrer à l'église ce matin. Je n'ai pas pu, c'était plus que plein et des tas de gens restaient dehors ou s'en allaient : il y a tellement de surpopulation avec les soldats.

« C'est un moment désagréable maintenant, moralement surtout, car on sent qu'on est si près d'un coup décisif, la bataille des

Carpathes en l'espèce, et c'est cependant si long. L'attente énerve, bien des gens voudraient être au mois de mai. Cet été ce sera peut-être fini et ce sera si agréable de se reposer au Val, mais si ce n'est pas terminé avant octobre, ce sera dégoûtant : l'hiver, la boue, etc. Et je suis écœuré de boue. Du soleil, il faudrait, le Midi !

« Je passerai l'hiver à travailler et à voir venir en réfléchissant, car qu'est-ce que je ferai après la guerre? Là est le *hic.* C'est une question angoissante : comment orienterai-je mon énergie de jeune homme? La guerre aura révolutionné bien des choses.

« L'aviation est-elle une industrie ou en sera-t-elle une dans laquelle je pourrai rester, ou bien faudra-t-il chercher autre chose? J'incline à croire que la guerre m'aura peut-être écœuré de l'aviation et je me vois assez bien exploitant quelque chose seul ou avec un associé, des champs comme éleveur et propriétaire avec des abeilles, ou des canots-automobiles pour la pêche.

« J'ai remarqué en effet que l'agriculture est de plus en plus délaissée. Les gens de la campagne émigrent vers les villes et je puis citer des gens qui, par exemple, en achetant deux ou trois champs en Limousin, en les plantant de tabac et en les travaillant avec leur famille qui était dans la misère, ont augmenté peu à peu et gagnent par an 200.000 francs. C'est quelque chose!

« Le bateau-automobile n'a pas dit son dernier mot et il est fort possible que, si la tête des Bretons bretonnants n'est pas trop dure, on puisse faire quelque chose d'intéressant dans cette voie.

« Il y a tout à gagner, et avec de l'énergie et de la persévérance, on peut arriver tellement loin!

« D'ailleurs j'ai la conviction que si on a de l'énergie, il n'y a qu'à la dépenser sur un sujet donné, le premier venu, et peu à peu les résultats apparaissent. Une volonté qui cherche à bien réparer des pneus de bicyclette arrivera, en laissant tranquille le cours des choses, à devenir propriétaire d'un grand garage, etc. Le tout est de ne pas être flemmard et pas noceur.

« La nuit tombe. Je suis invité à dîner, il pleut toujours, je m'habillerai dans cinq minutes et puis voilà encore une journée de tirée! »

Beaux projets d'avenir, magnifiques châteaux d'Espagne d'un adolescent, déjà homme depuis longtemps, un soir d'été, dans l'embrasement du crépuscule, vous vous êtes noyés dans du sang, le sang d'un grand héros !

Parmi les autres champions du temps de paix, il convient également de citer deux militaires : les adjudants Quennehen et Peretti devenus sous-lieutenants et auxquels leurs exploits valurent médaille militaire, Légion d'honneur et nombreuses palmes.

Quennehen avait été recordman de l'armée pour le plus long vol au cours d'une même journée, tenant l'air plus de 13 heures. A la guerre, il accumula les faits d'armes, les actes de bravoure. Sa maestria, son courage, son mépris de la mort l'avaient rendu légendaire. Atteint d'une crise d'appendicite, il ne consentit à se laisser opérer qu'au moment d'une période d'accalmie aérienne. Il passa sa convalescence à essayer des appareils. Un après-midi, il s'envola sur un nouvel avion : au bout de quelques instants, on le vit essayer de virer, il pencha sur une aile, s'effondra et s'écrasa sur le sol. Le grand guerrier qui avait pendant un an et demi harcelé l'ennemi sans répit, dont la mort avait été annoncée deux fois par l'agence Wolff, finit dans un banal accident d'aérodrome.

Le 28 avril 1916, le sous-lieutenant Peretti effectuait une croisière de chasse. Vers 5 heures 45 du soir, il apercevait un Fokker biplace et se précipitait vers lui. Il le tenait de très près et chacun de ceux qui assistaient à la rencontre attendait anxieusement la chute de l'ennemi, lorsque la mitrailleuse du Français s'enraya. Ne pouvant plus lutter, se trouvant en mauvaise posture, Peretti, jouant le tout pour le tout, fonçait sur son adversaire pour le précipiter dans le néant par un abordage, mais ne pouvait y réussir et recevait une balle dans les reins. Domptant la douleur, il avait la force de revenir jusqu'à nos lignes et essayait d'atterrir dans les plaines de la Meuse. A environ 100 mètres du sol, il devait tomber inanimé, car l'avion piquait brusquement et venait s'écraser dans une prairie. Peretti était relevé par des fantassins qui se trouvaient aux environs : il était mort, nullement défiguré et, selon l'expression de ceux qui le virent une dernière fois, « conservant un sourire extraordinaire ».

Le malheureux pilotait depuis le début de

1912. Son ami Feierstein et lui étaient partis au Maroc où ils avaient accompli de merveilleux exploits. Ils y avaient eu un avant-goût de la guerre sous le commandement du lieutenant de La Morlaye. Ils avaient été les héros de l'époque glorieuse de l'aviation marocaine. Les voyages Casablanca-Rabat et retour, Casablanca-Mogador et retour furent à diverses reprises réalisés par eux et, malgré le peu de sécurité que présentaient alors les moteurs souvent défaillants, Peretti avait réussi au-dessus des tribus ennemies le raid Casablanca-Fez-Souk-el-Arba et retour, soit plus de 700 kilomètres.

Les deux inséparables avaient aussi été les premiers à faire du bombardement aérien. Ils lançaient des bombes Aazen. Un jour où nos troupes étaient aux prises avec les Riata qui s'étaient réfugiés dans la montagne, à un endroit inaccessible aussi bien aux soldats qu'aux obus, le général Gouraud demanda à Peretti et à Feierstein d'essayer d'aller déloger l'ennemi. Le premier emmenait le lieutenant de La Morlaye; le second, le capitaine Reymond. Ils lancèrent chacun quatre bombes de 400 mètres d'altitude : l'effet fut prodigieux. Avec deux avions et quatre braves une grande victoire avait été remportée sans une victime de notre côté. Le raid avait été effectué à travers des montagnes de 2.000 mètres, où la moindre panne équivalait à un arrêt de mort.

Un tel passé permettait d'attendre beaucoup de ceux qui l'avaient vécu. Nous nous contenterons de citer le motif de la Légion d'honneur de Peretti :

« Pilote hors ligne, d'une audace et d'une habileté éprouvées, toujours prêt à accomplir les missions les plus périlleuses. Depuis le début de septembre 1914, a exécuté de très nombreuses reconnaissances à longue portée qu'il a toujours réussi à mener à bien, malgré le feu des batteries spéciales et les avions ennemis. A attaqué des avions adverses et les a contraints à faire demi-tour. A eu fréquemment son appareil atteint par l'artillerie ennemie, en particulier le 10 septembre 1915 où il est rentré avec un avion percé de plus de dix éclats, ayant quand même accompli jusqu'au bout une reconnaissance à longue portée. »

Le 10 décembre 1915, il recevait un éclat d'obus au bras et rentrait sans se soucier de sa souffrance, et le 11 mars 1916, au cours d'un combat, il abattait un avion qui tombait en flammes.

Petit, brun, les yeux bleus pleins de décision, Peretti semblait un symbole de bravoure. C'était un Corse d'une audace exceptionnelle. Avant d'être pilote, il avait moissonné de nombreux lauriers comme cavalier. D'une modestie rare, il fallait l'entendre narrer ses exploits de sa voix grasseyante, avec son humour méridional. Il exagérait, mais à rebours.

Je ne puis parler de sa conversation sans me rappeler un entretien que j'eus avec lui au début de la guerre, près de Nancy, dans un petit café. Nous étions quatre : il y avait le sénateur Reymond, l'adjudant Clamadieu, Peretti et moi. C'était l'époque où l'on publiait les prédictions déclarant que la guerre ne durerait pas plus de trois mois! Nous en étions venus à parler des sciences occultes et des superstitions.

J'affirmais ma croyance dans les lignes de la main et je citais comme exemple le cas de mon frère aîné :

« Dans sa main, disais-je, est marquée d'une façon précise un accident dans sa jeunesse. En effet, à dix-huit ans, il reçut une balle de revolver. Et je ne vis pas, car il a demandé à partir avec un régiment de l'active, alors que sa qualité de conseiller à la cour d'appel de la Guyane l'en dispensait; or, sa ligne de vie s'arrête net vers quarante ans et il en a quarante-deux. »

Le mois suivant, j'avais la profonde douleur de voir mon frère tomber au champ d'honneur.

Clamadieu, pour dissiper mon inquiétude, prit la parole :

« Ma femme est allée, au moment de la mobilisation, consulter une cartomancienne qui lui a affirmé que dans les trois jours j'obtiendrais une augmentation de situation. C'était le samedi, et le mardi suivant je passais adjudant. Mais, fort heureusement, je ne crois pas à ces balivernes, car cette sorcière a ajouté que je n'en profiterais pas, devant mourir de mort violente avant peu. »

Quelques jours après, en reconnaissance au-dessus du bois de Mortmare, une panne survenait, l'avion atterrissait devant les tranchées allemandes : le sénateur Reymond et l'adjudant Clamadieu étaient tués.

Mes trois interlocuteurs sont morts !

*
* *

Parmi les officiers aviateurs qui sont tombés pour la Patrie en donnant l'exemple à leurs pilotes, nous citerons notamment le capitaine Féquant, observateur du sergent Niox, tué en combattant un aviatik au retour d'un bombardement ; le capitaine Turin, victime de sa témérité héroïque pendant un vol de liaison d'infanterie ; le capitaine Mandinaud, qui avait abattu un zeppelin en Belgique et avait dû atterrir en Hollande d'où il s'était évadé, abattu dans un combat contre deux monoplans ennemis ; le capitaine Dubois, tué pendant une reconnaissance, et le commandant Tricornot de Rose.

Celui-ci appartenait à la glorieuse promotion de 1910 qui comptait l'enseigne de vaisseau Conneau, futur André Beaumont ; le lieutenant Princeteau, qui se tua le jour du départ du Circuit européen ; le lieutenant de Goys, capturé étant commandant lors du bombardement de Ludwigshafen ; les lieutenants Gouin, de Malherbe, Bague, qui se noya en essayant la traversée de la Méditerranée ; sans oublier, parmi les civils,

Jules Védrines, et le Grec Sismanoglou qui s'engagea pour la durée de la guerre, se conduisit en héros et mourut au champ d'honneur, frappé par un obus de plein fouet.

Dès cette époque, le lieutenant de Rose était considéré comme un pilote d'une habileté remarquable. C'était également un navigateur émérite. Il eut beau avancer en grade, il resta fervent pilote. Vint la guerre : comme chef d'escadrille, il donna toujours l'exemple, et si son unité avait été mise à l'ordre du jour avec citation de son nom dans le motif, on n'aurait pas pu dire de lui qu'il recevait la récompense du travail d'autrui. C'était un chef qui payait de sa personne et se réservait les missions périlleuses. Sa valeur le fit choisir comme directeur de l'aviation d'une armée. Ces fonctions absorbantes ne l'empêchèrent pas de continuer à voler. Il ne faisait jamais la tournée de ses escadrilles autrement qu'en avion et souvent prenait part aux expéditions aériennes. Sa mort fut une perte cruelle pour l'aviation : aussi remarquable technicien qu'habile praticien, il connaissait les possibilités du plus lourd que l'air, il savait organiser, il savait ordonner. Il possédait un ensemble de qualités extrêmement rares.

C'est lui qui, au début de la guerre, au cours d'une reconnaissance, avait dû atterrir par panne d'essence aux abords d'un village belge. Aussitôt, il est entouré, fêté. On lui offre du schiedam, des cigares, on désire qu'il garde un souvenir charmant de son atterrissage. Il n'en demande pas tant. Ce qu'il veut c'est de l'essence, vite de l'essence. On va lui en chercher. Bientôt il a tout le carburant qu'on peut trouver dans le bourg. Il commence à remplir son réservoir lorsqu'un enfant accourt à toute vitesse criant :

« Les uhlans ! voilà les uhlans! »

Panique, affolement des spectateurs. L'officier français n'est plus gêné par l'affluence. Tous se sont envolés vers des parages moins malsains. De Rose, ce grand guerrier, blond, distingué, aux traits énergiques, aux moustaches de fier Gaulois, reste à son poste, continuant son travail. Impassible, il se contente de jeter un regard sur les uhlans qui approchent et se remet sans hâte, sans émoi, à vider l'essence comme si la situation n'était pas critique. Tant de sang-froid stupéfie l'ennemi qui est convaincu que le village est occupé par nos troupes. Aussi hésite-t-il à avancer. Enfin, le réservoir est plein, le pilote met l'hélice en marche, monte en voltige et décolle. Il passe à 5o mètres au-dessus des Allemands qui, se voyant joués, un peu tard, ouvrent le feu.

Mais, à cette époque, ils tiraient mal encore contre avions. Le ronflement du moteur fait emballer quelques chevaux. Et de Rose rentre avec des renseignements très importants, après avoir échappé à la captivité par une nouvelle manifestation de son incroyable audace.

Tel était l'aviateur, tel était le chef que regrettent tous ceux qui le connurent : un accident d'atterrissage eut raison de sa valeur.

*
* *

La place nous manque pour rendre aux engagés volontaires étrangers morts au champ d'honneur l'hommage qu'ils méritent. Nous préférons ne citer que leurs noms plutôt que de ne pas rendre à leur mémoire d'une façon complète le pieux souvenir que nécessite leur carrière glorieuse. Nous aurons l'occasion de reparler d'eux.

Ce sont : le Grec Sismanoglou, tué par un obus ; le Russe Pulpe, mort sur le front oriental après avoir fait toute la campagne en France ; le Suisse Ingold, tué dans un combat ; le Roumain Théodoresco, victime d'une chute à Salonique ; les Américains Chapman, Rockwell, Norman Prince et Mac Connell, tous quatre tués au cours de duels aériens.

Parmi les futurs as, il serait injuste de ne pas nommer le sous-lieutenant Prudhommeau, héros, avec le lieutenant Cesari, du premier bombardement des hangars de Frescaty, près Metz, en août 1914 ; l'adjudant David, tué dans une rencontre ; le sergent Garet, qui entraîna son adversaire dans la mort ; de même que le maréchal des logis de Terline et le sergent Bouland, qui le firent chacun volontairement ; le sergent Hentsch, mort au cours d'une mission spéciale ; l'adjudant Belin, évadé d'Allemagne, tué, croit-on, alors qu'il était à la veille de voir paraître son nom au communiqué.

Et combien d'autres que nous ne pouvons énumérer !

Nous nous contenterons de donner le récit de la mort de l'adjudant David tel que nous l'envoya son mécanicien, dans une lettre simple et dramatique à laquelle nous ne changerons pas un mot :

« C'était par une belle matinée de septembre 1916. David voulait coûte que coûte abattre sa troisième victime, sa première sur avion de chasse. Mais il était souffrant, ayant failli s'empoisonner la veille avec des champignons.

« Il arrive sur le champ. A cet instant, plusieurs de nos avions prenaient le départ pour une reconnaissance, accompagnés d'une escorte de chasse. Moins d'une demi-heure après, le bombardement des pièces ennemies antiaériennes commençait. La journée s'annonçait émouvante !

« — Il y a du sport, me dit David.

« — Tu ne sors pas?

« — Pas encore, car je suis encore mal en point, et, tu sais, c'est empoisonnant de se taper tant d'heures de vol pour ne rien voir, sauf mon vieux poteau (un Boche qui venait tous les jours) qui semble uniquement voler chaque jour pour me voir au-dessus de Massevaux. Je ne partirai que dans une heure, mais, ne t'en fais pas, aujourd'hui il faut que je l'aie. Je suis sûr de moi.

« A ce moment, on nous apprend qu'un Nieuport vient d'être abattu. C'est l'infortuné Rockwell qui vient de trouver une mort glorieuse.

« Ceci n'est point fait pour retirer de la volonté à David, bien au contraire. La journée n'était pas finie. Elle fut bien triste pour nous cette fin. Heureusement cela n'arrive pas souvent, et les jours qui suivirent marquèrent notre éclatante revanche.

« — Sors le zinc, me dit David. Fritz a dû avancer l'heure du rendez-vous, je pars.

« En moins de cinq minutes, essence, contact, et voici notre as parti. Sans tergiverser, il gagne vite sa hauteur et à cet instant fouille et refouille. Il voit des éclatements et se précipite vers eux. Hélas! horrible spectacle : un de ses camarades vient à son tour d'être abattu et descendu en flammes : c'est le capitaine Munch avec le sous-lieutenant observateur de Merlis.

« Impatients plus que jamais, nous passons par de terribles angoisses. Les drames succèdent aux drames. Jamais deux sans trois. David fonce à la verticale sur le Boche. Il veut venger ses amis, mais, désespoir! que voyons-nous? Arrivé à la hauteur de l'adversaire, il cabre après avoir tiré vingt balles et revient à la charge, puis pique terriblement jusqu'au sol où il redresse et atterrit très normalement dans un petit, tout petit champ.

« L'ambulance est déjà là, car on sait que le pilote doit être atteint. Mais David sort de son siège. On l'embrasse, tout le monde est heureux.

« Fausse joie.

« — J'ai une balle dans le ventre, nous déclare le héros. Menez-moi à Bessecourt, j'aime mieux.

« — Plus tard, répond l'infirmier ; allons vite vous soigner.

« Deux balles seulement avaient atteint l'appareil, dont l'une avait traversé le gouvernail et l'autre percé le réservoir d'essence.

« David n'avait pu réaliser son rêve et la chasse, qui l'avait tant attiré, devait lui être moins favorable que la reconnaissance où il avait cueilli tant de lauriers.

« Après l'opération, qui dura près de deux heures, nous vîmes bien que tout espoir était perdu. Le soir, le chef de l'escadrille remettait à notre cher camarade la dernière décoration qui lui manquait : la Légion d'honneur qui lui valait une cinquième palme. David eut la force de manifester son contentement et sa fierté. Ses derniers mots furent :

« — Je peux mourir, j'ai ce que je voulais !

« David, simple et modeste, aimait l'aviation à la folie. Il joignait l'adresse et l'habileté au courage et à l'abnégation. Exemple de bravoure et d'énergie, d'un caractère doux et simple, d'une volonté ferme et résolue, rien n'aurait pu le faire changer de vue, car ses décisions rapides étaient toujours bien étudiées. Mécanicien hors ligne dans le civil, il était resté toujours le même dans le militaire et ne se considérait pas avec les mécaniciens comme un supérieur, mais comme un camarade. Il passait sa vie à travailler sur son avion et multipliait inventions et perfectionnements.

« L'aviation a fait en lui une grande, très grande perte !

« Élie Dumouly. »

N'est-il pas joli ce délicat hommage du mécanicien à la mémoire de son chef et ne fait-il pas honneur autant à l'un qu'à l'autre?

* *
*

Nous terminerons cette série en rappelant la mort héroïque de deux équi-
pages.

C'était en septembre 1915. Quelques jours
avant l'attaque de Champagne, le capitaine
Sallier partait en reconnaissance avec le lieutenant Le Gall comme observateur. Il avait
fait ample moisson de renseignements, lorsqu'il rencontre un aviatik de chasse. Il accepte le combat. Le lieutenant Le Gall actionne
la mitrailleuse, mais l'avion français est bien
peu maniable et l'ennemi joue autour de lui,
tout en déroulant ses bandes. Il y a des
balles explosives. L'une d'elles crève le réservoir d'essence, enflamme le liquide.

L'adversaire s'éloigne en constatant l'effet
de son tir. L'avion français prend feu. Des
gerbes le transforment en torche. Il tombe
lentement vers le sol où il continuera à en-
serrer dans ses flammes les corps carbonisés
de ses passagers. Pendant la chute, un drame
sublime se passe dans la nacelle. Les deux
officiers n'ont plus que quelques secondes à

vivre. Le feu les atteint déjà. Ils commencent à griller. Et eux, simplement, stoïquement, au lieu de se laisser mourir sans s'occuper de ce qui arrivera après eux, songent à la Patrie. Ils ont des documents précieux à bord. Ils se les partagent et les déchirent en menus fragments. De nos tranchées, les poilus assistent à cette agonie grandiose. Et le vent, quelques instants après, poussera vers eux la plus grande partie des renseignements détruits.

Le lieutenant Floch et le sergent Rodde participaient, le 18 mars 1916, au bombardement d'Habsheim et de Mulhouse. En chemin, un rideau d'avions ennemis cherche à s'opposer au passage des vingt-trois nôtres. Des combats furieux s'engagent. Au cours de l'un d'eux, un Fokker atteint le réservoir d'essence de l'avion de Rodde et Floch. Là encore c'est la mort la plus atroce : le saut dans le vide parmi les flammes. Les Français ont compris le sort qui les attendait. Ils veulent bien mourir, mais après s'être vengés. Et d'un virage subit, ils se tournent vers le Fokker qui les poursuit encore, se précipitent contre lui, le heurtent, le brisent, l'attachent en quelque sorte à eux.

Et c'est alors une torsade de feu qui tombe vers le sol : les victimes entraînent dans le néant leur vainqueur.

C'est ainsi qu'on sait mourir dans l'aviation française.

Jacques MORTANE.

Quelques Souvenirs...
Quelques Impressions...

———

Vraiment, je me trouve assez gêné de l'honneur qui m'est fait de commencer ces récits, car, si en son temps je fis de mon mieux pour la défense de la Patrie, depuis, tant de mes camarades se battirent si vaillamment qu'on peut dire que leur tâche quotidienne est faite d'exploits auprès desquels mes quelques combats paraissent bien pâles!

Cependant, tout en glorifiant nos « as » actuels comme ils le méritent, il serait injuste de ne pas rendre hommage aux pionniers de la guerre aérienne, à ceux de la vieille école, qui, avec un matériel et des moyens de fortune, surent préparer et ouvrir aux héros du jour le chemin de la gloire.

J'adresse ici un souvenir fraternellement ému à ceux qui sont tombés avant d'être légendaires; à vous, Marc Pourpe, Pégoud, Boillot, de Beauchamp, et d'autres encore malheureusement dont l'œuvre restera l'Épopée de l'aviation et le nom éternellement gravé au fronton d'honneur de la cinquième arme.

A mon frère d'armes, à notre grand captif Roland Garros, qui personnifie le courage enchaîné, doit aller aussi notre reconnaissance et notre sympathie, car l'aviation de chasse d'aujourd'hui est l'application des théories qu'il avait si bien mises en pratique dans le tir à travers l'hélice.

Il fut indiscutablement l'innovateur du combat aérien, comme le colonel Estienne en fut le prophète.

Garros restera comme le plus bel exemple et la plus grande figure de l'histoire des hommes-oiseaux.

En huit mois de présence au front, j'ai eu neuf combats dont quatre victoires. Je ne compte pas un avion ennemi ayant piqué jusqu'au sol dans ses lignes. C'est relativement peu, mais il faut tenir compte de l'armement primitif dont nous disposions à cette époque et de la rareté des rencontres.

En effet, au début de la guerre la chasse était inconnue. Il m'est arrivé de passer tout près d'avions boches et d'échanger un salut avec ses occupants, sans penser à tirer sur eux, pas plus qu'eux ne tiraient sur nous. Je faisais alors des reconnaissances à longue portée avec un officier-observateur, et nous n'emportions même pas d'armes, sauf notre revolver d'ordonnance.

Puis, nous échangeâmes quelques coups de feu avec des carabines, au hasard des rencontres ou lorsque nos routes se croisaient, mais sans insister.

Par la suite, si, au cours d'une reconnaissance, on rencontrait un avion ennemi, il y avait un tournoi de courte durée et chacun poursuivait son chemin. J'eus mon premier avion boche dans ces conditions, avec cette particularité que lui était en train d'attaquer un des nôtres dont le pilote était seul à bord et sans armes.

Les aviateurs allemands étaient alors munis

de pistolets automatiques Mauser avec chargeurs de dix coups. Une crosse amovible leur permettait de tirer comme avec un fusil mitrailleur.

De notre côté nous avions des carabines de cavalerie et des fusils Browning à cinq coups dont le fonctionnement était franchement mauvais. Quelques avions seulement étaient munis de fusils mitrailleurs Hotchkiss.

Ce furent enfin les débuts de la chasse proprement dite, toujours avec passager, soit pour établir un barrage pendant une attaque d'infanterie afin d'empêcher l'aviation ennemie de venir se rendre compte de nos mouvements, soit pour poursuivre un Boche évoluant au-dessus de nos lignes. Ce fut ainsi que j'obtins deux autres victoires.

Le premier avion de chasse monoplace fut amené au front par Garros en février 1915; il avait une mitrailleuse tirant à travers l'hélice d'après le système qu'il avait commencé de mettre au point deux mois auparavant.

J'eus le second en avril suivant, mais, comme il était prévu pour le bombardement à longue distance, il n'avait pas de mitrailleuse et je dus plusieurs fois partir en chasse avec mon seul revolver comme armement!

Fort heureusement, les Boches signalés restèrent invisibles! Il me fut dit très sérieusement que quelques loopings autour d'eux suffiraient à les faire déguerpir. Comme tel n'était pas mon avis et que mon revolver était vraiment impuissant à faire taire deux mitrailleuses (nos adversaires venant de nous faire cette petite surprise), j'installai, fixe sur le côté de mon avion, une carabine Winchester à répétition pouvant tirer... quatre cartouches sans être rechargée, et je partis à l'aventure, muni de quelques chargeurs, de mon éternel revolver et d'une certaine dose de... culot!

Croisant bientôt un aviatik, j'eus vite fait de m'apercevoir que j'étais en état d'infériorité manifeste et qu'il ne suffisait pas d'être armé de courage pour abattre un adversaire qui vous crache son mépris par deux bouches à feu. Cet avertissement, qui aurait pu me coûter cher, coûta un avion à l'État, car pendant cette petite expérience le tir de l'ennemi avait rendu le mien inutilisable.

Je montai ma carabine sur un autre appareil et lui adjoignis une vieille mitrailleuse Hotchkiss délaissée par Pégoud, qui trouvait son fonctionnement par trop aléatoire. Flanqué de cet attirail plus encombrant que dangereux, je provoquai le Fritz du secteur (le même qui m'avait mis à mal deux jours avant) en un combat singulier. Singulier, il le fut en effet, car dans une ronde infernale, l'un cherchant à passer derrière l'autre, voire en dessous pour tirer, ma mitrailleuse tirant en l'air par-dessus l'hélice, nous descendîmes de 2.500 mètres à 800 avec tous les gaz pour nous gagner de vitesse.

Dès les premiers coups de feu, ma mitrailleuse-ferraille s'était enrayée et après quelques essais infructueux je l'avais abandonnée pour me servir de la carabine, qui, elle, tirait vers le bas. Je devais faire des prodiges pour viser au bon endroit, car mon adversaire était pour le moins aussi habile que moi et je ne devais ma supériorité de manœuvre qu'à la plus grande maniabilité de mon avion. Chaque fois qu'un chargeur était vide — et quatre cartouches sont si vite tirées! — je m'écartais pour en mettre un autre pendant que mon antagoniste en faisait autant, ayant, lui aussi, probablement fort à faire pour remplacer ses bandes de mitrailleuse.

Puis nous nous précipitions à nouveau l'un sur l'autre, sans penser à autre chose qu'à bien viser et sans tenir compte des chocs alarmants que faisaient les balles en rencontrant les parties métalliques de nos fragiles montures.

Nous renouvelâmes ce manège neuf fois, jusqu'à épuisement de nos munitions, car, pour une cartouche que je tirais, l'Allemand devait bien m'en envoyer vingt ou trente des siennes.

En fin de compte, nous partîmes chacun de notre côté avec nos trous. J'en comptais vingt-six dans mon appareil. Ma place seule avait été épargnée... à 3 centimètres près. L'issue des balles avait même fait éclater un pneu, ce qui m'avait donné une forte émotion. J'avais cru qu'un coup de canon venait de m'atteindre.

C'est de ce combat que j'ai gardé le souvenir le plus précis, parce qu'il fut pour moi le plus émouvant.

Quelques jours après, j'entrais en possession de mon avion *le Vengeur*, à mitrailleuse fixe tirant à travers l'hélice, système Garros, et je pouvais enfin me battre avec le sentiment de mon entière supériorité. Ce fut ma plus grande satisfaction de guerrier.

Je ne pus malheureusement pas en jouir longtemps. Dix jours après ma quatrième et dernière victoire, j'étais envoyé le 27 juin 1915 à Friedrichshafen pour bombarder les hangars à zeppelins, et, au retour de cette mission, une panne stupide (robinet de pression dévissé et perdu) m'obligeait à atterrir en Suisse, où je fus fait prisonnier.

Mon internement dura onze mois, au cours desquels je m'évadai trois fois. De ma détention et de mes évasions, je ne peux rien dire encore, le moment n'étant pas venu d'en parler ici, ni de mettre au clair bien des événements qui s'y rapportent, entre autres les raisons de mon retour en Suisse après ma première évasion.

Mais la joie que je ressentis le 1er juin dernier en mettant le pied sur le sol français et l'accueil qui me fut fait à Paris lors de la troisième et dernière évasion me récompensèrent largement des peines que j'avais endurées.

Je fus quelque peu stupéfait, à mon retour, de constater les immenses progrès faits en un an dans l'aviation en général et dans l'aviation lourde en particulier. Des conditions qui paraissaient irréalisables auparavant étaient devenues possibles, et je voyais voler des engins qui étaient à l'aéroplane ce qu'est le tank à l'automobile. Bref, je me trouvais complètement dépaysé et il me fallut quelque temps pour me familiariser avec les nouvelles conceptions qui laissaient loin derrière elles tout ce que je connaissais du plus lourd que l'air. De même je pus constater combien la question si importante de l'armement avait été perfectionnée sous l'impulsion éclairée de spécialistes éminents. L'aviation de bombardement, explosifs et engins, en enfance au moment de ma captivité, s'était développée, elle aussi, au delà de toutes prévisions.

J'aurais bien voulu me rendre compte au front des qualités de ces nouveaux avions. Malheureusement une grave affection de l'ouïe, dont l'origine remonte à une chute que je fis en 1911 et que le manque de soins en captivité a fait empirer, m'empêche momentanément de monter assez haut pour chasser le Boche.

Mais il ne manque pas de tâches qui, pour être moins glorieuses, n'en sont pas moins utiles à la défense de la Patrie. En ce moment

j'essaye de nouveaux moteurs qui permet-
tront à mes camarades d'aller toujours plus
haut, toujours plus loin, toujours plus vite
combattre l'ennemi, en attendant que mon
plus cher désir se réalise : celui d'être en
mesure de me trouver à leurs côtés pour la
finale du match engagé entre notre Cocarde
tricolore et leur Croix de fer !

Sous-lieutenant Eugène GILBÉRT.

Paris, 5 mars 1917.

L'As !

—

Parler de moi! Ah! non. Il en est un autre qui doit passer avant et qui est notre maître à tous, c'est Guynemer. Je peux lui consacrer ce chapitre sans crainte de faire double emploi, car ce n'est certes pas lui qui viendrait raconter ses prouesses.

Dire comment il triomphe des Boches, à quoi bon? Il les abat en série. Je préfère vous narrer quelques-uns de ses « coups durs ». Il ne faut pas croire, en effet, que ce héros auquel la chance semble sourire si souvent soit un de ses favoris. Non! S'il gagne à la loterie, c'est grâce à son tempérament ardent en même temps que prudent, à son extrême habileté, à sa fougue, à son adresse, à son courage inégalables. Il tient l'air pendant cinq ou six heures dans la même journée. Jamais il ne se repose tant qu'il y a du Boche dans l'air.

Je donnerai un exemple de sa précision en rappelant qu'au cours d'un combat il tua d'une balle le pilote et de l'autre l'observateur. Deux cartouches, c'est tout, descendez! Une autre fois, un seul projectile lui suffit pour expédier au sol un avion ennemi!

Sa fougue! Il tire à bout portant, si bien qu'un jour il heurta son adversaire et brisa le bout de son aile contre l'aile de l'autre. En une autre circonstance, sa mitrailleuse s'étant enrayée au cours d'un combat contre un bi-fuselage, il se contenta de se placer à quelques centimètres dessous, entre les deux fuse-lages, annihilant ainsi la riposte de l'ennemi. Évidemment, de tels récits peuvent sembler tout naturels au profane qui ne sait pas en quoi consistent les rencontres de l'air; mais au connaisseur, à celui qui y a passé, ils donnent le frisson. Oh! oui.

Cette admirable figure de combattant force le respect partout où elle passe. Un jour, à

Tilleloy, Guynemer triomphe d'un Boche dans des conditions... enfin, à la Guynemer, c'est tout dire. Le vainqueur, qui était alors sous-lieutenant, veut atterrir à côté des débris du vaincu. Un capitaine d'artillerie, qui a assisté aux diverses phases du drame, arrive. Il tient à serrer les mains du pilote, lui fait présenter les armes, découd ses galons, les lui donne et lui fait promettre que les premiers galons de capitaine qu'il portera seront les siens.

Et pourtant, quoique très aimé, Guynemer ne jouit pas auprès du grand public de la popularité reconnaissante qu'il mérite. Cela rappelle un peu l'époque d'avant-guerre où Védrines était beaucoup plus vanté que Garros. Ce sont là les petites injustices de la foule qui étonnent, restent mystérieuses et ne diminuent d'ailleurs nullement la valeur de celui qui en est victime.

Dès ses débuts en escadrille, Guynemer prouva son courage afin de s'imposer. Un jour, parti en mission photographique avec un capitaine comme observateur, il tint à honneur de ne pas faire le moindre crochet pour éviter les canons ennemis qui tiraient avec empressement et envoyaient à son adresse plus de mille obus. Au contraire, il demanda à son passager, la reconnaissance terminée, de prendre quelques clichés des projectiles éclatant autour de l'avion, afin de conserver un souvenir palpable de cette randonnée. Puis il descendit en spirales serrées au-dessus de l'une des batteries spéciales pour prouver qu'il n'avait pas peur. L'observateur le croyait devenu subitement fou ! Non, mais Guynemer avait souffert de l'air protecteur qui l'avait accueilli à l'escadrille à cause de sa jeunesse. Il tenait à montrer ce qu'il était. L'expérience réussit.

L'as des as a triomphé de nombreuses fois, mais ce ne fut pas toujours sans mal et il fut descendu à plusieurs reprises. Un jour, il reçut deux balles dans le bras et ne dut le salut qu'à sa merveilleuse présence d'esprit. C'était à Verdun, le 13 mars 1916 : son pare-brise avait été traversé de vingt-deux trous et, outre les projectiles du bras, Guynemer eut le visage criblé d'éclats. Tous furent extraits, sauf un à la mâchoire.

Rappeler tous les « coups durs » du héros est une besogne considérable. Je me contenterai de donner le récit de l'un des plus tragiques, qui devait inévitablement lui coûter la vie et qui se termina comme un véritable conte de fées. Il est vrai, ne l'oublions point, que Guynemer est né une nuit de Noël, il n'y a pas longtemps : en 1894 !

C'était le 23 septembre 1916. Le communiqué reconnaissait qu'il avait, ce jour-là, abattu ses dix-septième et dix-huitième avions. Or, un troisième, non homologué, était tombé également sous les coups de l'as.

Avisant un de ses camarades aux prises avec cinq ennemis, le pilote, alors sous-lieutenant, s'était précipité au milieu du groupe. Deux Boches s'écartaient en le voyant arriver. L'autre Français était dégagé et Guynemer commençait son travail. Tel un géant armé d'une énorme hache taillerait en pièces un régiment de Lilliputiens, il tirait quelques balles de mitrailleuse et, coup sur coup, en moins de trente secondes, selon lui, il expédiait au sol deux adversaires en flammes. Le temps de reprendre un peu d'altitude pour rejoindre le troisième en fuite, et deux minutes ne s'étaient pas écoulées que celui-ci recevait une décharge : à la seconde balle, il explosait en l'air pour tomber pulvérisé. Le chronométrage exact de l'exploit était le suivant :

1er Boche, 11 heures 22 minutes.

2ᵉ Boche, 11 heures 22 minutes 30 secondes.
3ᵉ Boche, 11 heures 25 minutes.

Les temps sont certifiés par le héros lui-même. C'est ce que nous appellerons l'œuf à la coque à la Guynemer : vous mettez un œuf dans l'eau bouillante, vous attendez que Guynemer ait abattu trois ennemis, vous retirez l'œuf. Il est à point !

Toute médaille a son revers et il s'en fallut de peu que ce vol ne se terminât mal pour notre glorieux pilote. De ses 3.000 mètres, il contemplait le champ de bataille où il venait de triompher à nouveau, scrutait l'horizon pour observer s'il n'allait pas pouvoir allonger la série, lorsque soudain un obus éclatait de plein fouet dans une de ses ailes. Le frêle oiseau semblait blessé à mort. L'aile gauche était déchiquetée : la toile flottait au vent, se déchirait davantage. Et l'avion tombait, s'effondrait, s'écroulait dans le vide. De 3.000 jusqu'à 1.600 mètres, c'était la vrille la plus épouvantable qu'on puisse imaginer.

« Je me sentis perdu, nous déclara Guynemer, et la seule chose que je demandais à Dieu, c'était de ne pas me laisser tomber en territoire ennemi. Ça, jamais ! Ils auraient été trop contents. Mais j'étais incapable de manifester ma volonté, mon appareil se refusant à obéir.

« A 1.600 mètres, je voulus quand même lutter. Le vent m'avait repoussé jusque dans nos lignes. Je songeais déjà à mon enterrement, avec des camarades sympathiques derrière ma dépouille. Je n'avais plus à craindre les casques à pointe ! Je sentais, malgré tout, que c'était la mort et c'est une pensée peu agréable.

« La chute continuait. Les commandes ne répondaient pas à mes efforts. J'avais beau manœuvrer, pousser, tirer, je n'obtenais rien. Le bolide ne ralentissait pas. J'étais attiré invinciblement vers le sol où j'allais m'écraser.

« Le voici ! Un dernier geste brutal, mais vain, je ferme les yeux, je vois la terre, je me fiche dans un terrain à 180 à l'heure, en pylône. Un craquement, une commotion. Je rouvre les yeux : je n'ai rien ! Comment suis-je encore vivant? Je crois que ce sont les bretelles qui me tenaient à mon siège qui m'ont sauvé. Par contre, elles étaient incrustées dans mes épaules. Je ne leur en veux pas ; sans elles, je serais mort ! »

Vite, Guynemer allait rechercher un avion

pour remplacer celui qui avait été ainsi démoli et, dès son retour, il continuait à totaliser, comme s'il n'avait jamais serré la main à la mort... en passant.

Sous-lieutenant D...

Dans les Filets de l'Ennemi

Au moment de la bataille de Charleroi, le 19 août 1914, deux officiers avaient été chargés d'accomplir une reconnaissance pour se rendre compte de la situation des troupes allemandes dans la région est de Namur, où la Meuse quitte la direction sud-nord pour prendre celle de l'ouest à l'est. Nous ignorions sur quelle rive se trouvait l'ennemi.

L'avion partait dès le point du jour. Tout se passait normalement, la moisson des renseignements était fructueuse, les deux camarades prenaient le chemin du retour lorsque, arrivés au-dessus de Ciney, embranchement important de voies ferrées défendu par une nombreuse artillerie, un ouragan de mitraille cherchait à abattre l'indiscret témoin. Peu à peu, les obus se rapprochaient, le tir devenait plus précis, et, soudain, un éclat atteignait le moteur et coupait la canalisation d'essence.

C'est l'arrêt complet, net, et le vol plané commence. L'appareil est à 1.800 mètres d'altitude; il ne saurait être question d'aller atterrir dans les lignes françaises. Une émotion douloureuse étreint les deux officiers, qui voient la guerre finie pour eux au bout de seize jours. Ils vont se poser et être arrêtés, à moins que la chance ne s'en mêle. Mais il faut aider la chance : la volonté, l'énergie du pilote, conseillé par l'observateur, vont tenter de la faire tourner de leur côté. Tout en descendant, ils regardent, scrutent le sol, non sans essuyer de temps à autre le feu des détachements ennemis qu'ils survolent. Ils aperçoivent des terrains faciles pour l'atterrissage, mais où il serait impossible de se dissimuler. Au cours de leurs investigations, ils remarquent un petit enclos, très étroit, encaissé dans une vallée boisée, qui ressemble beaucoup à un trou. Ils décident

de s'y poser. L'atterrissage s'effectue normalement. L'avion n'a pas un fil cassé. Y mettre
le feu, c'est attirer aussitôt l'ennemi, c'est la
captivité ; le laisser prendre intact, c'est le
salut, c'est le retour en France, c'est l'apport
de documents très importants peut-être !

Les deux aviateurs optent pour la seconde
solution. Ils se hâtent de jeter tout ce qui
peut retarder leur fuite ; ils n'emportent
que leurs armes et leurs papiers et se
sauvent, car le pays est infesté de troupes
qu'ils ont aperçues. Avant peu leur cachette
sera découverte. Ils s'enfoncent dans le bois
contre lequel ils se sont posés. Ils n'ont pas
fait 3o mètres que retentit le bruit de chevaux
qui approchent. Ils se jettent dans un fourré
et restent immobiles.

A quelques mètres d'eux passent des
cuirassiers blancs, patrouillant pour trouver
les voyageurs de l'air. Les « hoch », les
« hurrah », qui remplissent l'air, prouvent
que les cavaliers retrouvent le malheureux
oiseau. Le lieutenant et le capitaine retiennent
leur respiration, commandent à leur volonté
pour ne pas abattre ces individus qu'ils ont
à leur portée et qui crient sans cesse :

« *Wo sind sie diese Schweinkœpfe ?* »

(Où sont ces têtes de cochons ?)

Les sous-officiers injurient leurs hommes pour stimuler leur zèle. Au bout de quelques instants, arrive un officier en tenue de cantonnement, sans armes, coiffé d'un bonnet de police, le cigare aux lèvres, la cravache à la main. Il est monté sur un cheval splendide. Il frôle presque l'abri des Français. N'était l'espoir de rapporter des renseignements importants, avec quelle joie les nôtres tireraient sur cet homme qui, sans s'en douter, passe si près de la mort.

Pendant une demi-heure, la battue continue sans résultat. De guerre lasse, la poursuite est abandonnée. Sauvés ? Non, car les deux amis, qui comprennent fort bien l'allemand, entendent les chefs commander aux cavaliers de placer des petits postes aux lisières et à toutes les issues du bois. Ces ordres donnent le frisson aux aviateurs ! Ils se croient perdus. Soudain, grosse émotion : ils aperçoivent des soldats à bicyclette, revêtus de l'uniforme des hussards français. Ils croient que ce sont nos troupes qui arrivent et patrouillent, ils sont prêts à appeler à l'aide, lorsqu'ils entendent parler les nouveaux venus. Ce sont des Allemands appartenant à un régiment bavarois, dont la tenue rappelle étonnamment celle de nos hussards. Les deux réfugiés avaient bien fait de réfléchir avant de crier victoire. Ils échappent encore aux recherches. Ce qui les sauva, c'est que les cavaliers de tout à l'heure ne voulaient pas abandonner leur monture, pas plus que les cyclistes de maintenant ne désiraient lâcher leur bicyclette. Les uns et les autres battirent en tous sens les chemins de la forêt, mais ne purent aborder les fourrés.

Au bout d'une heure, plus rien. Soupir de soulagement. Oui, mais il faut compter avec les postes installés comme des pièges tout autour du boqueteau. Les deux officiers sont toujours à 3o mètres de leur appareil. Du buisson où ils se terrent, à travers les feuilles, ils risquent un œil et observent un cantonnement allemand où les soldats vont, viennent, lavent le linge, portent les vivres sous les yeux d'une si belle proie. Dans la journée l'état-major ayant été prévenu, c'est un défilé ininterrompu d'automobiles qui transportent des officiers avides d'admirer de près le premier avion français tombé aux mains de l'ennemi.

Puis, un tracteur vient démonter et

emporter l'appareil. Pilote et observateur assistent, désespérés, au départ de leur oiseau.

Depuis treize heures ils sont là, dans le fond d'un trou, envahis par la boue, tenaillés par la faim, dans l'impossibilité de bouger pour ne pas faire craquer la moindre branche. Cette immobilité les engourdit et leur semble plus pénible que tout. Enfin, lorsque le calme semble renaître, la première parole prononcée par l'aviateur est celle-ci :

« Il y a loin d'ici la place Pigalle ? »

Le passager travaille sur les cartes pour chercher le chemin le plus court et le plus facile afin de regagner les lignes. Avant de sortir de leur tanière, ils attendront la nuit noire. Comme elle est longue à venir ! Auparavant, ils tiennent un conseil de guerre émouvant : l'un est pressé de partir, l'autre trouve qu'il fait encore un peu clair. Enfin, à la faveur des ténèbres, ils sortent à pas de loup, mais ont peine à se tenir debout, tant ils sont moulus, courbaturés, rompus. Le sol est mou, glaiseux, amortissant les pas. Les deux amis remontent la pente. A la lisière du bois, ils s'arrêtent. L'instant est critique. Devant eux s'étend une immense plaine recouverte de blés et traversée par une large route qu'ils repèrent. Pas le moindre bruit, ni à droite, ni à gauche. Aucune sentinelle ne semble proche. La lune n'est pas encore levée. Prenant leur élan, ils réussissent sans être vus à passer du bois dans les blés.

Là, c'est une marche à quatre pattes. Mais il faut faire bien attention à ne pas remuer les tiges ; aussi les précautions sont-elles sévères : ils rampent dans le sens des sillons et modifient leur trajet toutes les fois que le sillon change d'orientation. Au bout de deux heures, ils atteignent une route. La nuit est noire ; ils sont exténués. A la grâce de Dieu, ils suivent le bord du chemin qui leur offre de nouveaux abris, le cas échéant, sous forme de fossés.

Tout à coup, ils entendent le bruit sec du mécanisme d'un fusil qu'on arme, suivi du « qui vive » allemand : « Wer da ? » C'est un petit poste qu'ils n'avaient pas aperçu dans l'obscurité. Vite, ils se blottissent dans le fossé. La sentinelle, inquiète, appelle aux armes. Nouvelle battue. Un caniveau est là qui traverse la route : les fugitifs s'y faufilent. Une fois de plus ils sont sauvés. Au bout de quelques instants de recherches, les hommes rentrent, molestés par leur chef, qui s'attaque surtout à la sentinelle qu'il injurie en lui reprochant d'avoir des hallucinations.

Oui, mais comment sortir du caniveau ? Au bout d'un instant, un officier arrive sur la route. Le « Wer da ? » retentit encore. Le chef, en guise de mot, répond par des injures. Le soldat, qui a reconnu la manière boche, laisse passer, en rectifiant la position. Profitant de l'incident, les deux Français rampent, sortent de leur terrier, longent le fossé et passent sous le petit poste au nez et à la barbe de ceux qui venaient de les chercher avec tant de soin.

Ils continuent leur route, en marchant toujours dans le fossé. Bientôt des lumières apparaissent. C'est le salut. Mais il faut franchir la rivière et il n'y a de pont qu'à D... Or, à qui est cette ville à l'heure actuelle ? Ils se rapprochent et presque aux portes ils avisent une ferme isolée en bordure de la route. Nouveau conseil dans le fossé, où ils ont de l'eau jusqu'à mi-jambe. Que faire ? La faim leur conseille de tenter la chance. Ils vont aller frapper à la porte : si une voix allemande répond, ils tâcheront de se cacher et de se défendre ; si le joyeux accent belge les accueille, ce sera pour eux la délivrance. Ils heurtent l'huis. Un « alleii, alleii » inquiet riposte aussitôt. Ils poussent l'entrée et se trouvent en face d'un brave fermier belge. Ils expliquent leur mésaventure. Très crâne, l'hôte répond :

« Sous mon toit, vous ne risquez rien ! »

Il leur donne à manger. Puis c'est le moment décisif. Courageusement, le Belge les emmène avec lui et les conduit à un batelier, car on a fait sauter le pont, et il faut passer la rivière en barque. Mais elle est grosse et mauvaise ; aussi, n'est-ce qu'après de longs pourparlers que le rameur consent à tenter l'aventure. Légèrement pris de boisson, d'ailleurs, au milieu de la rivière, il manque de faire chavirer l'embarcation, mais ce n'est qu'un incident de plus pour la journée, et il atteint l'autre rive, occupée par les nôtres.

Pilote et observateur sont sauvés, bien sauvés. Hirsutes, sales, ressemblant à de véritables tas de boue, ils se présentent à un commandant de territoriale qui les prend pour des espions, les fait arrêter et conduire au corps de garde. Ils achèvent la nuit sur une litière qui leur semble délicieuse. Au petit jour, on vient les reconnaître et on les ramène en automobile à l'escadrille, où on n'espérait plus les revoir. Le lendemain, ils reprenaient leur service...

Mais le pilote restait plongé dans une profonde affliction : Gédéon, le petit singe porte-bonheur qu'il avait sur son avion, le pauvre Gédéon était resté à l'ennemi. Il ne le verrait plus. L'animal s'était fait « embocher ».

Lieutenant de la P....

Les Premiers Jours

— —

Je ne parlerai pas du premier bombardement nocturne de Metz le 3o décembre
1914, je ne parlerai pas du train qu'une de
mes bombes eut la chance de couper en deux
à Arnaville, je ne parlerai pas davantage de
ma descente avec un obus de 155 accroché à
mon train d'atterrissage, non, de tous mes
souvenirs, souvenirs cuisants puisque l'un
d'eux se rapporte à un accident qui m'a laissé
boiteux après combien de mois passés dans les
hôpitaux avec des poids au bout de la jambe,
telles les pendules de campagne, de tous
mes souvenirs, dis-je, ceux qui me semblent

les plus curieux, étant donné les progrès accomplis à tous les points de vue, sont ceux qui se rapportent aux débuts de la campagne.

Lorsque la guerre éclata, je fus mobilisé à Dijon. Le samedi 8 août, on m'envoyait à Belfort avec d'autres pilotes pour évacuer les appareils inutiles là-bas. C'était au moment de la première prise de Mulhouse.

Je retrouvais les anciens camarades : ce pauvre Caron, qui était malade, et qui fut la première victime d'un combat aérien ; Sadi Lecointe, qui avait ramené la veille son observateur, un capitaine, avec une balle dans la cuisse. C'était le temps où l'on faisait les reconnaissances à 1.200 mètres. L'officier eut la Légion d'honneur, Sadi Lecointe attendit un an une modeste citation.

Il y avait alors à Belfort la Bl 3 et la Bl 10, douze pilotes : Münch, Caron, Trétarre, Courrières, tués ; Thoret, prisonnier ; Bellemois, Gourlez, Marcel Boucher, devenus chefs d'escadrille ; Garde, Durand, puis le capitaine Zarapoff, retourné dans l'artillerie ; et enfin Madon, prisonnier en Suisse avant de devenir un as.

Je ne garde aucun souvenir spécial des deux jours passés là-bas. J'en repartis le lundi, à bord d'un monoplace, pour rejoindre Dijon. A la même heure, la Bl 10 s'envolait pour les environs de Mulhouse, sur un ordre du général Bonneau, et manquait de peu de s'y faire capturer. L'ordre ne régnait guère à cette époque et les avions étaient considérés un peu comme les parents pauvres de l'armée. Quand on pensait à eux, il était trop tôt ou trop tard !

Rien de saillant jusqu'à l'histoire du camp de Châlons ! Un matin, à onze heures, fin août, le capitaine du centre me fait appeler. Il tenait un télégramme à la main :

« Il y a un appareil Blériot (biplace 80 ch.) à aller chercher au camp de Châlons. Comme c'est un peu pressé et que les communications sont lentes en chemin de fer, on va vous donner une auto pour vous y mener ainsi que votre mécanicien. Déjeunez tout de suite et vous partirez à midi. »

Oh ! quelle joie d'aller là où l'action semblait engagée ! C'était au moment où les communiqués étaient si vagues. On sentait que les affaires ne tournaient pas à notre avantage, on n'avait aucune précision sur la marche de l'ennemi... C'était aussi l'époque où on s'imaginait que la guerre ne durerait que quelques mois. Nous tous, pilotes de réserve à Dijon, nous n'avions qu'un désir : marcher ; qu'une peur : arriver au front trop tard. J'en souffrais plus que les autres, car, ayant fait partie de la Bl 3 que je n'avais quittée qu'à ma libération, j'aurais voulu y reprendre ma place dès la déclaration de guerre et voler avec mes camarades. J'avais si souvent évolué le long de la frontière et vu de loin le Rhin que je les enviais de voler librement au-dessus de l'Alsace.

Lorsqu'en mai 1915 je revins dans cette région et que, pour la première fois, je franchis le Rhin, je revécus les émotions que durent éprouver ceux qui, dans les premiers jours d'août, firent les reconnaissances d'Alsace.

Ce départ pour Châlons était donc une joie. J'exultais. Mon mécanicien Niodot, que j'avais retrouvé à Belfort et qui me suivit toujours jusqu'à mon accident, était également ravi.

Voyage en automobile sans incident : à Châtillon-sur-Seine, à Troyes, rien de particulier. A Châlons, vive animation. La gare est pleine de troupes qui s'embarquent. Nous nous arrêtons pour laisser passer de nombreux fantassins. L'un d'eux nous dit que c'est le dépôt du ... d'infanterie que l'on évacue. Pressés d'arriver avant la nuit, nous continuons.

A la sortie de Châlons, sur le terrain de manœuvres, j'aperçois de nombreux appareils. Un Voisin venant de la direction du camp y atterrit. Sur la route, voici la navrante théorie des paysans des pays envahis. Ils campent en plein champ.

Le village de la Veuve : une place remplie d'autobus, des soldats partout. Nous prenons la route de Mourmelon ; à la sortie du village, une compagnie d'infanterie est abritée contre un mur, les faisceaux sont formés.

Plus loin, une cinquantaine de soldats de toutes armes : cavaliers, biffins, zouaves. Certains sont blessés ! Nous passons, car nous ne sommes pas là pour causer.

Le passage à niveau avant le camp. Un train est là : vieille locomotive, vieux wagons chargés de voitures de livraisons de l'Est. Un employé me dit que c'est un des derniers trains, venant du côté des Ardennes. On a pu enlever tout le matériel.

Je le décide à couper le train pour nous laisser passer. Le soir tombe. Là-bas, les hangars d'aviation. Nous approchons. Aucune animation. Bizarre ! Nous entrons dans le centre : personne !

Étrange !

Bientôt, je vois sortir d'un hangar avec précaution un sapeur armé d'un mousqueton : c'est une chose un peu étonnante pour qui connaît les centres d'aviation.

« Enfin, s'écrie-t-il, vous venez nous chercher ?

— ! ? ! ? »

Je lui explique que je viens enlever le Blériot neuf.

« Mais nous l'avons détruit ce matin. Les Boches sont à Mourmelon et des uhlans ont approché des hangars tout à l'heure. Tout le monde est parti ce matin, ne laissant que le Blériot et un Maurice Farman qu'on devait venir chercher. Du reste, deux pilotes sont arrivés de Saint-Cyr en auto. Ils sont là dans un hangar en train de prendre de l'essence.

« Et nous, continue-t-il avec désespoir, va-t-on nous laisser prendre ici ? Voilà des heures que l'adjudant est parti. Il devait venir nous chercher en tracteur et il ne revient pas... »

Ce brave m'avait l'air un peu affolé, de même que les autres sapeurs qui étaient restés avec lui. Je le laissai à ses inquiétudes, car nous aussi étions à court d'essence. Nous découvrons les restes du pauvre Blériot tout neuf que tant de pilotes étaient venus chercher de tous les coins de France. Nous crevons les réservoirs et faisons le plein.

Je trouve l'autre voiture venue d'urgence de Saint-Cyr avec Robinet et un adjudant. Il ne nous reste plus qu'à nous en aller, puisqu'il faut laisser les cadavres d'avions.

Les hangars sont à peu près vides. Quelques débris de Bréguet, des pneus sont encore là. La nuit tombe. Grand calme...

Nous partons, après avoir promis aux malheureux de les envoyer chercher par le parc de Châlons. Les deux voitures se suivent... pour faire nombre sur les routes peu sûres: pour sept, nous avons comme armement mon browning avec sept cartouches ! Nous faisons le trajet sans incident.

A Châlons, je trouve le capitaine D... à qui je rends compte de ce qui se passe : il est très étonné de nous voir revenir indemnes !

L'aspect du terrain de manœuvres est celui d'une grande foire : les hommes campent à la belle étoile ; c'est un fouillis d'autos, d'appareils entiers et de fuselages. Il y a même un Taube abattu la veille près de Suippes.

Je ne m'étonne plus qu'on ait oublié les pauvres bougres là-bas !

Tout ça doit repartir le lendemain matin, alors qu'à quelques kilomètres de là se produit cette navrante histoire : le lieutenant Mendés vient atterrir avec son escadrille à Mourmelon qu'on lui a dit être aux mains des Français. Les Boches surviennent : de Sylvestre et Vincent peuvent s'échapper à grand'peine, Faurit est capturé et Mendés, arrivé le premier, tué. Il a voulu attendre tous ses pilotes au lieu de songer à sa sécurité personnelle. Il les a remis en route et lorsque le dernier a été hors de danger, les uhlans sont survenus. Il les a attendus et, seul contre tous, a engagé le combat. Il en abattit plusieurs avec son revolver, mais succomba finalement comme un grand, très grand héros.

Quant à nous qui l'avions échappé belle, à quelques heures près, nous repartions pour Dijon. A neuf heures du soir, nous arrivions dans une ferme à Sommesou pour y dîner et y camper jusqu'au lendemain, la circulation étant pour ainsi dire impossible la nuit, à cause des nombreux barrages.

Je me souviens avec émotion des braves gens qui nous reçurent... Quelques jours après, à la suite de la bataille de la Marne, nous avancions. J'eus à mener un avion à Fagnières, près de Châlons. Je revis cette hospitalière maison : des murs calcinés, tout autour des tombes, c'est tout ce qui restait !

. . . .

Et je me suis toujours demandé ce qu'était devenu le détachement de Mourmelon.

Sergent Bl...

La Marne avec les Boches

C'était pendant la retraite de Belgique. J'avais été envoyé à Paris pour chercher un tracteur, le mien ayant été démoli. Je revenais, avec deux jours de retard sur mon escadrille, que je devais rejoindre à un endroit qui m'avait été désigné. Mais, à ce moment-là, le front avait des fluctuations rapides. J'étais donc à la recherche de la R 15, avec deux chauffeurs qui avaient pris place à mes côtés.

Je déjeune dans un petit village près de Noyon et je demande des renseignements sur nos positions à un gendarme.

« Suis-je dans la bonne direction? Ai-je des chances de trouver mon unité? Les Allemands sont-ils loin?

— A une bonne trentaine de kilomètres d'ici, » me répond-il.

Sur cette espérance, je reprends le volant et, vite, je m'élance sur la route. Je n'avais pas fait plus de 3 kilomètres, lorsque j'aperçois à l'horizon un régiment qui se dirige de mon côté. Quelle chance! Je vais peut-être recueillir des renseignements précieux, car il n'est pas très agréable d'user ainsi les routes à l'aveuglette. Je mets tous les gaz, puis je distingue bientôt des cavaliers habillés en kaki. Sûrement ce sont des Anglais, signalés dans ces parages. Dans leurs patrouilles, ils ont dû voir mon escadrille. Je ralentis pour ne pas faire trop de poussière à ces pauvres malheureux, qui manœuvrent du matin au soir et souvent toute la nuit. Intérieurement je compatis à leur malheur. J'approche.

Horreur! Ce sont des Boches : un régiment de chasseurs à pied flanqué d'une avant-garde de uhlans.

Ma première pensée, en me rendant compte de ma méprise, se traduit par un juron énergique à l'adresse du pandore qui me renseigna. Il n'y a rien à faire. Je ne puis échapper. La route est trop étroite pour tourner. Reculer en marche arrière serait inutile. D'ailleurs, je n'ai pas beaucoup le temps de réfléchir : les uhlans sont déjà sur moi, me sommant de me rendre.

Je dois avouer que, vis-à-vis de moi, l'ennemi se conduisit fort bien. Pas de mauvais traitements, pas d'injures. Lorsque les chefs furent convaincus qu'ils ne tireraient rien de moi, ils ne cherchèrent point à obtenir quoi que ce soit par des brutalités, et n'insistèrent pas. Je vécus, dès lors, l'existence des troupiers allemands, marchant avec eux et partageant leurs privations. Nous n'avions rien à manger, aucun convoi de ravitaillement n'arrivait. J'en souffrais, mais j'étais heureux !

Le dixième jour seulement de ma captivité, nous pûmes nous restaurer avec ce qui pouvait être considéré comme de la nourriture : des pommes de terre cuites à l'eau, avec la boue épaisse qui y était incrustée. Nous n'avions pas le temps de les gratter, car il fallait faire vite. Aussi bien, nous n'en avions pas l'intention, tant nous étions pressés de croquer enfin un aliment. Malgré l'écœurement que pouvait provoquer semblable brouet, ce repas me parut délicieux.

Pris près de Noyon, je descendis avec mes compagnons forcés jusqu'à Montmirail, marchant sans cesse, bivouaquant avec les troupes de première ligne. Dès le lendemain de mon arrestation, mon tracteur m'avait été pris, et j'accompagnais le régiment qui avait accompli le haut fait d'armes de s'emparer du modeste conducteur que j'étais à cette époque.

*
* *

En marches, contre-marches, retraite, je fis plus de 5oo kilomètres pendant tout le temps que je fus avec les chasseurs à pied. Je me souviens de l'allégresse des Allemands et de leurs « Hoch ! Hoch ! » d'enthousiasme, lorsque fut passée à Soissons la première plaque indiquant Paris avec deux chiffres seulement : « Soissons-Paris, 9o kilomètres... » Je ne partageais pas cette joie, certes non, mais ne perdais pas confiance et répétais inlassablement à ceux de mes compagnons qui parlaient français : « Vous n'arriverez jamais à Paris ! »

Cette conviction ne m'attira aucun désagrément. Peut-être me prenaient-ils pour un fou. Toujours est-il que je discutais avec eux, sans que la conversation dégénérât en dispute.

Nous ne connaissions rien de la guerre. Nous savions que les Allemands avançaient. Les chefs leur affirmaient qu'ils prendraient un repos bien gagné à Paris, qu'ils n'avaient rien à craindre, que les Français ne résistaient même pas. En un mot, une vraie promenade de santé, mais une promenade terriblement fatigante, surtout pour un soldat habitué, comme moi, à aller en automobile et non à pied.

C'est à Montmirail que, pour la première fois, les troupes s'aperçurent que cela n'allait plus. A mon tour de manifester ma joie. Ordre de plier bagages, affolement des officiers, désespoir des hommes.

Un champ d'aviation est installé près de la ville : à huit heures du soir, dans l'obscurité, en toute hâte, les appareils s'envolent, le train roulant s'enfuit. Nous quittons Montmirail à sept heures pour Champaubert. Il y a 17 kilomètres. Nous les parcourons en six heures et n'arrivons qu'à une heure du matin, nous perdant continuellement. Je ne reconnaissais plus les officiers habitués à nous diriger avec la désinvolture magistrale de cantonniers sachant tous les chemins, raccourcis, sentiers. On voyait qu'ils avaient été plus souvent en France qu'en Allemagne, mais, ce soir-là, l'évanouissement de leur rêve leur faisait perdre la tête et ils ne savaient plus s'orienter.

A ce moment, on jugea prudent de me joindre à un convoi de prisonniers : jusqu'alors j'avais été considéré comme faisant partie du régiment de chasseurs à pied, quoique surveillé soigneusement.

Je remontai par la vallée de la Marne, ne sachant plus rien de la guerre, ignorant, comme la majorité des Allemands d'ailleurs, que l'ennemi était en retraite.

Le 10 septembre, au soir, nous cantonnons dans la forêt de Germaine, entre Reims et Épernay. Je connais bien l'endroit et décide de profiter de cette ultime occasion pour tâcher de m'évader. Je veux me rendre à un petit café isolé où je suis souvent allé, mais il faut traverser la route et donner ainsi l'éveil. Comment faire ?

A la faveur de la nuit, après quelques

heures passées l'œil et l'oreille aux aguets, tout en faisant semblant de dormir, j'essaye de quitter le cantonnement ; mais j'y renonce bientôt, la surveillance étant trop stricte. Je me désespère, car je ne trouverai jamais moment plus favorable : maintenant nous nous éloignerons sans cesse des lignes et je me vois déjà réduit à faire la guerre comme prisonnier.

Le lendemain matin, vers cinq heures, j'apprends que, contrairement à l'habitude, nous ne partirons pas avant sept heures. Je pense aussitôt que c'est la Providence qui me fournit ces deux heures de répit et je décide de préparer mon évasion.

Je parviens à me cacher dans une cave dévastée. Je m'accroupis dans un cul-de-sac où les rats me tiennent compagnie et je rabats sur moi une planche à bouteilles pour me dissimuler.

Soudain, des pas se font entendre. Dame ! Une cave n'attire-t-elle pas toujours un Allemand ? C'en est un qui vient voir s'il n'y a pas, par hasard, des litres égarés. Il n'en trouve point. Ceux qui l'ont précédé ont fait main basse sur tout ce qu'il y avait. Navré de sa déconvenue, il va s'éloigner, ce que je ne regrette pas, mais son regard est attiré par la planche à bouteilles. Je laisse à penser la minute de tragique émotion que ce fut pour moi !

Il approche, je le vois, je le sens : il veut savoir ce qu'elle cache. Il se contente de la heurter avec le pied. Elle glisse et continue à me soustraire aux investigations. Si le curieux avait été moins paresseux, s'il avait soulevé mon abri avec la main, j'étais découvert... Vraiment, la chance est bien de mon côté.

Cependant, cette expérience me suffit. Je ne me trouve pas assez en sûreté. Il faut trouver autre chose et je quitte la cave, placidement. Je rejoins le groupe des prisonniers et fais semblant de me rendre à la corvée de pommes de terre, dans un champ voisin. Je m'aperçois que la sentinelle chargée de nous garder nous compte nonchalamment et s'embrouille sans insister, tant elle est sûre de son troupeau. Je pars donc très docilement et parviens à laisser passer notre gardien devant nous. Je me jette à terre et vais me dissimuler en rampant dans un buisson situé en bordure de la route.

Je pense que ma disparition passera inaperçue, puisque le compte est mal fait. Mes prévisions se réalisent et je ne suis nullement inquiété. A sept heures, je vois avec joie s'ébranler le convoi qui devait m'emmener. Victoire ! Joie !

Pendant toute la matinée, j'assiste au défilé de troupes et de convois se dirigeant au pas accéléré vers Reims. Je me rends compte alors que c'est bien la retraite ! Il s'agit de ne pas me faire prendre et d'aller retrouver ma place auprès des vainqueurs. La canonnade et la fusillade sont très distinctes sur les coteaux dominant Épernay.

C'est la fuite des hordes allemandes !

Et je reste toujours immobile, faisant corps avec mon buisson, me souciant peu des épines qui me déchirent les mains, m'égratignent et me chatouillent la figure.

A midi, convoi de ravitaillement d'artillerie. Il est long. Il va falloir faire attention pendant son passage. Mais un de plus, un de moins... Ciel ! Il fait sa halte juste en face de moi. Allées et venues continuelles autour de mon gîte. Plus de mille fois, je manque d'être découvert. Quelle angoisse ! A maintes reprises, j'entends la respiration des soldats qui se reposent à mes côtés, se penchent pour jouer avec des branches qui, si elles sont tirées, me feront apparaître. Toujours la chance ! Personne ne me trouve. Ces artilleurs de malheur s'en vont. Dieu soit loué !

Une pluie torrentielle commence à tomber à partir de quatre heures. Il y a dix heures que je n'ai pas bougé de ma cachette. Je suis aussi endolori, aussi courbaturé que si j'avais reçu une volée de coups de bâton. Ce n'est pas le moment de se lamenter. Il faut agir. Je me décide à quitter mon domicile précaire pour essayer de gagner la forêt de Germaine en traversant la cour d'une briqueterie où je pourrai me dissimuler derrière les tas de briques accumulées.

Je me crois en lieu sûr. Par ce temps, qui oserait être dehors ? Je sors de mon buisson avec précaution. A peine suis-je délivré, qu'aperçois-je ? Une sentinelle allemande à moins de 10 mètres de moi ! Nous sommes nez à nez. Je bénis la pluie aussitôt : grâce à elle le cerbère ne me voit pas. Je l'a échappé belle.

Heureusement, les flots célestes ont couvert le bruit de ma sortie intempestive. Je retourne à mon inconfortable buisson.

A sept heures, les ténèbres commencent à s'épaissir. Le moment est venu de tenter de passer. Je traverse la route sans dommage et m'enfonce dans la forêt pour gagner directement, à travers bois, le village de Germaine, où je pense être en sécurité.

La nuit est noire. Pour avancer, je dois mettre un bras devant ma figure et je tâte avec l'autre devant moi. La pluie diluvienne me traverse toujours. Je puis à peine marcher, je glisse, j'enfonce. Un chagrin fou me prend alors. Je me mets à pleurer comme un gosse et me couche dans l'infecte boue. Cette crise me détend les nerfs, exacerbés par cette journée d'inaction et d'attente impatiente. Bientôt je me relève, car il faut mettre l'obscurité à profit.

Je marche pendant quelques heures, me dirigeant au moyen d'une horloge qui, dans le lointain, sonne les quarts et semble m'appeler. Mais, comme ces appels sont longs à revenir ! J'arrive enfin à une clairière à laquelle aboutissent trois allées forestières.

Je suis profondément heureux de trouver un chemin plus facile. Je prends l'allée centrale dont le sol me paraît aussi doux qu'un tapis d'Orient. Soudain, j'entends un cheval qui s'ébroue, avertissant son cavalier d'une présence insolite. Diable ! Je m'arrête, tends l'oreille et perçois le bruit extrêmement proche de plusieurs chevaux mâchonnant leurs gourmettes.

Sans mon acte de désespoir de tout à l'heure, je serais tombé dans une patrouille de uhlans. Je me guide alors au bruit des pas et contourne le groupe.

Vers minuit, un peu de lune apparaît. Un torrent d'électricité éclairant une pièce depuis longtemps plongée dans l'obscurité ne me semblerait pas plus lumineux. Maintenant, je retrouve mon chemin avec aisance, j'avise une petite route qui m'est familière et conduit directement à Germaine. Pour ne pas faire d'ombre sur le sol, je suis le bas côté.

Encore des bruits de pas et je distingue une forme. Je ne cherche pas à savoir si c'est un cheval, un homme ou un cerf. Je regagne la forêt et me dissimule, me frayant un passage moins facile, mais sûr.

Vers cinq heures du matin, après avoir encore éprouvé quelques difficultés, triomphé de plusieurs alertes, j'arrive enfin aux premières maisons du village.

Ouf! Je suis sauvé!

Joyeux et léger, je me présente à une ferme où je suis connu. Je suis sûr d'être reçu à bras ouverts.

Mais je n'ai pas fini avec les émotions. J'apprends que les Allemands viennent de passer la nuit dans le domicile que j'implore. Me cacher, il faut encore me cacher!

Une heure plus tard, je me trouve en face de l'auberge de la mère L... Je fais signe à un paysan qui me dévisage. Il vient à moi; je lui explique mon cas.

« Malheureux! s'écrie-t-il, fuyez, deux Boches sont encore couchés dans la maison. Dissimulez-vous; ils peuvent sortir d'un moment à l'autre! »

J'attends, transi de froid, mort de sommeil, le bon plaisir des dormeurs. Je ne suis pas installé depuis un quart d'heure, que la mère L... elle-même vient me trouver.

« Suivez-moi, me dit-elle. Je sais votre histoire. Tant pis s'il m'arrive malheur, mais je n'ai pas le droit de vous laisser ainsi, mon pauvre petit. Les Boches dorment encore, je vous mettrai dans une chambre où ils n'iront sans doute pas vous chercher. Je veillerai. Quoi qu'il arrive, ne bougez pas! »

Je promets, je remercie, je ne sais même ce que je dis; j'ai les larmes aux yeux; je voudrais embrasser cette brave Française, mais je suis sale, hirsute, dégoûtant, et cette marque de reconnaissance ne plairait sans doute pas.

Un lit! Je vais coucher dans un lit, un vrai lit. Ah! dormir, que ce doit être doux après de pareilles angoisses. Je suis ma bonne hôtesse, sans faire de bruit. Elle me montre ma chambre. Je me déshabille pour la première fois depuis ma capture. Je m'étends, je m'endors sans me soucier le moins du monde du voisinage malsain des deux Allemands.

Vers dix heures, des bruits de pas retentissent et me réveillent. Alarme! Que se passe-t-il? Ils s'arrêtent devant ma chambre. Fidèle à ma promesse, je ne bronche pas et fais semblant de dormir. On ouvre ma porte. Malgré tout, la curiosité aidant, je risque un coup d'œil : j'aperçois un lieutenant de dragons qu'accompagne la fille de l'aubergiste.

La première patrouille française arrivait. Les Allemands étaient partis de leur logis à 8 heures.

J'étais sauvé et pouvais continuer la guerre dans nos rangs.

Cette aventure fut récompensée par le grade de caporal et par la citation suivante :

« Fréville, soldat de 2ᵉ classe, nommé caporal à l'escadrille R 15 : fait prisonnier au cours d'une mission, a réussi à s'évader au bout de douze jours et à rejoindre son escadrille. A fait preuve, en cette circonstance, de beaucoup de courage et d'énergie ».

Adjudant Fréville.

Une Histoire de Zeppelins

« Vous voulez une histoire de zeppelins, me dit le sous-lieutenant P..., en voici une qui m'est arrivée... »

Il tira sur son menton, en levant la tête, comme pour demander aux puissances éternelles à quelle époque reculée il avait bien pu avoir cette aventure !

« Peuh ! fit-il, j'étais encore brigadier, c'était tout au début de la guerre.

« De très bonne heure, un matin d'août, je rentrais de reconnaissance. On ne dormait pas beaucoup, alors ! On avait toujours peur que la guerre se terminât le lendemain.

J'avais fait une très belle randonnée, et j'étais content, car mon observateur, un capitaine de l'état-major, ramenait des tas de renseignements, une vraie pêche mira culeuse !... Il faut vous dire que ce capitaine n'était pas de mes amis. Il m'avait fourré aux arrêts de rigueur, un jour que j'avais fait le looping sous son nez, ou si vous aimez mieux, sur sa tête, et je n'étais pas fâché dans mon petit amour-propre d'avoir pu lui montrer que je ne lui gardais aucune rancune.

« Déjà on apercevait le terrain à 15 kilomètres. Devant nous, la gracieuse capitale de l'Est, que vous connaissez bien, lançait joyeusement dans le ciel ses fumées matinales, et mon regard amusé suivait l'agitation grandissante des rues, dans le retour à la vie de la cité qui se lève, quand, sur ma droite, venant vers moi, je vis un phénomène étrange : un énorme cigare se promenait dans la nature. Direction est-ouest. Pas de doute !... D'ailleurs, à l'examiner plus attentivement : plans latéraux de stabilisation ! plans de montée ! et à l'arrière, plans de dérive !... Bien sûr, c'en était un !... Ajoutez deux petites nacelles minuscules cachées dans le corps du monstre, comme blotties avec l'air peureux de vouloir se faire toutes petites, toutes petites !

« Je me retournai en hurlant : « C'est un zeppelin ! » et je fis un geste énergique auquel mon « persécuteur » répondit d'une façon qui me prouva qu'il avait compris. C'est une justice à lui rendre ! Il avait beau fourrer les gens aux arrêts, ça ne l'empêchait pas d'être brave.

« Vous allez rire ! mais nous avions pour toute arme, lui, un méchant mousqueton avec trois chargeurs, neuf cartouches, et moi, mon browning. C'est avec cela que nous avions décidé de démolir le zeppelin ! Nous étions munis, il est vrai, de fusées incendiaires ! En ce temps-là, les dirigeables n'avaient pas le mauvais goût de voler à 4.000 mètres. Celui-ci était à peine à 1.500. Le temps de prendre du large pour gagner de la hauteur, et nous allions revenir, en tapinois, par derrière et au-dessus, juste au-dessus et près. Au bon moment, deux ou trois fusées dans la panse, et blouf !... sautez !!! Ceci sans la moindre notion des conséquences. Warneford ne nous avait pas encore montré à quel petit jeu dangereux cette tactique devait fatalement nous exposer.

« A 2.000 mètres, m'étant mis en cercle, je me trouvais en bonne position, en arrière et à gauche en haut, encore un peu loin pourtant. J'allais couper au court, quand de lui-même il amorça la manœuvre en virant.

— « Hé ! hurla mon observateur, drôle de zeppelin ! » Il passa son bras par-dessus mon épaule et fit avec la main un geste circulaire.

« De fait, le dirigeable avait déjà exécuté plus d'un demi-tour, et manœuvrait le dos à la frontière, comme s'il voulait rentrer en France.

« Que ce fût un français, cela ne nous était pas venu à l'idée. Il y avait bien quelque chose comme une flamme qui flottait à l'arrière, mais de loin, toutes les flammes se ressemblent. D'ailleurs, pour dire la vérité, nous n'avions pas songé à la regarder.

« Cependant, mon officier avait pris sa jumelle. A peine l'eut-il portée à ses yeux que je le sentis s'effondrer avec un geste désespéré ! Nous nous étions trompés. C'était le Sp..., le type de dirigeable français qui a le plus d'analogie avec les rigides allemands. »

. . . .

Comme il s'était tu, je crus honnête de placer un mot, et je lançai, pour être dans le ton, une exclamation du genre de : « Quelle guigne! » et encore : « C'est malheureux ».

« Malheureux! s'écria-t-il avec indignation. Malheureux de croiser un camarade en l'air ! Mais vous ignorez donc le sens des présages et qu'une telle rencontre porte toujours bonheur !... Quand cette chance m'arrive, c'est plus fort que moi. Dussé-je faire un grand détour, je ne puis m'empêcher d'aller saluer le bon augure et de lui exprimer ma joie par quelque gracieuse évolution.

« Et cette joie, c'était la première de la campagne ! Pensez donc !

« Je mis mes mains en porte-voix et criai derrière : « Eh bien! nous allons leur dire « bonjour. »

« Aussitôt, coupant le moteur, je mis l'avion sur le nez, le jetant dans le vide à une allure vertigineuse. Et, j'eus alors l'impression qu'il se passait derrière moi quelque chose de stupéfiant, quelque chose comme un geste qui se cramponne, avec des halètements, des mots entrecoupés, quelque chose que je ne comprenais pas, mais que j'aurais pu traduire : « Dites donc, P...! J'espère bien... « vous n'allez pas faire le... looping, n'est-ce « pas ?... Bons amis, n'est-ce pas ?... vous pro-

« mets que nous resterons bons amis... vous
« savez... » Je vous répète que c'était une
simple impression, mais elle fut si nette que
je me remis en marche normale, et que, pour
une fois, je perdis l'occasion d'avoir encore
quinze jours d'arrêts.

« Déjà j'étais descendu au niveau du dirigeable et je commençais à faire le beau, quand
brusquement, je sentis un grand choc derrière
moi comme si une main géante eût donné
un fort coup de poing à la queue. J'eus à
peine le temps d'être surpris, car au même
instant, j'entendis comme un bruit de gouttes
d'eau tombant sur la toile au-dessus de ma
tête, et, levant les yeux, j'aperçus quelques
petits trous dans la voilure effilochée. Vous
le croirez si vous le voulez, mais jamais de
ma vie je n'ai eu aussi peur, j'étais affolé.
Je n'avais plus qu'une idée : le terrain !
atterrir ! vite, vite !

« Nous laissâmes cet assassin de Sp... continuer sa route, et vingt minutes après nous
étions au sol.

« Mon passager descendit sans mot dire et
s'en fut en courant. Peut-être court-il encore,
car je ne l'ai plus revu.

« Quant à moi, je fis minutieusement le

tour de l'appareil. Il y avait pas mal de trous dans les ailes, sans importance. Mais la blessure sérieuse était une large plaie dans une poutre de réunion, à l'endroit de la soudure reliant la queue au corps de l'appareil et qui avait fait de cette pièce essentielle quelques centimètres de fine dentelle d'acier. Comment le fuselage n'est-il pas resté en route ? je me le suis toujours demandé...

— Et cela ne vous a pas guéri de vos facéties acrobatiques quand vous rencontrez des camarades en l'air ?

— Ma foi non ! cela m'a seulement amené à cette constatation qu'un oiseau de guerre était une cible bien vulnérable. »

Il eut un sourire de satisfaction qui conduisit naturellement mon regard vers sa poitrine où la Légion d'honneur et la médaille militaire voisinaient avec une croix de guerre à trois palmes.

Cette fois, je continuai hardiment :

« Et cette constatation : l'ex-brigadier, sous-lieutenant P..., ayant monté d'autant de grades qu'il a descendu de Boches, a prouvé qu'il avait su en faire son profit. »

Capitaine aviateur JOLAIN
(*tué au champ d'honneur*).

Impressions
du Début de la Guerre[1]

Octobre 1914.

Je ne cherche pas à dissimuler que les obus ennemis nous font passer de désagréables moments. Entendre l'éclatement, malgré le bruit du moteur, voir le nuage blanc se former, sentir le remous qui résulte du déplacement de l'air, tout cela donne

---

1. Il nous a semblé intéressant de publier ce chapitre, écrit au début de la guerre. Il montrera d'une façon saisissante les changements apportés à l'aviation depuis cette époque qui semble si lointaine.

un singulier frisson, auquel on a peine à s'habituer, surtout quand on est seul à bord.

Jusqu'ici j'ai eu assez de chance, m'en tirant seulement avec une hélice cassée, et je me persuade que je ne cours aucun danger. L'un de mes observateurs s'amuse même à photographier les flocons arrivant autour de nous. Aussi, quand je suis avec lui, recherchons-nous ces tours de force photographiques.

Dans la reconnaissance de champ de bataille, le danger est minime, si on le compare à celui que nous courons dans les reconnaissances à longue portée qui s'effectuent loin, à l'intérieur des lignes ennemies, parfois à 100 et 150 kilomètres du front. Là, intervient un nouveau facteur : la panne, la traîtresse panne, qu'on ne peut prévoir. Dans la reconnaissance de champ de bataille, nous ne sommes jamais très éloignés des lignes amies : grâce à notre très grande hauteur, nous pouvons presque toujours, en prolongeant notre vol plané, atterrir en lieu sûr près des nôtres. Mais, dans les reconnaissances à longue-distance, il n'y faut pas songer : l'arrêt du moteur, et c'est l'atterrissage chez l'ennemi. Dans ce cas, il n'y a qu'une tactique à observer : planer en changeant sans cesse de direction, pour dérouter l'ennemi sur la situation de l'atterrissage probable ; puis, parvenu à 1.000 ou 800 mètres, piquer le plus rapidement possible vers un endroit abrité, coin de bois ou ravin. Aussitôt à terre, brûler l'avion et se sauver, si l'Allemand vous en laisse le temps.

Mais, en réalité, on a bien peu de chances de s'en tirer, car l'ennemi ne vous donne pas le loisir d'atterrir sans vous cribler de balles, et un avion est très vulnérable à 400 mètres.

Je me contenterai de citer deux exemples pour mieux faire comprendre les sensations de l'aviateur de reconnaissance.

D'abord une reconnaissance à longue portée. A Belfort, au début de la guerre, un officier arrive le matin avec ordre d'aller en avion reconnaître les voies ferrées et de pousser aussi loin que possible notre mission. Le chef de mon escadrille me désigne comme pilote. Il est 7 heures. Le temps est beau : ce sera une simple promenade, à la condition, naturellement, que mon moteur ne m'abandonne pas.

A Altkirch, l'altimètre marque 1.600 mètres. Nous sommes hors de la portée des balles. Nous faisons route vers la forêt de Hardt, mais, une fois en vue de Mulhouse, nous obliquons à droite pour surveiller la voie qui va de cette ville à Bâle. Pas de trains. Nous sommes bientôt en vue de Bâle, que nous n'avons garde de survoler, puisque c'est une ville suisse. Nous tournons un certain temps et, de nos 1.900 mètres, nous voyons fort bien le trafic qui s'effectue dans les gares.

Jusqu'ici nous n'avons pas connu de trop grands dangers, puisqu'en cas de panne, nous aurions pu atterrir en Suisse ; mais là, le voyage va devenir plus scabreux. Nous passons en effet le Rhin dont nous remontons la rive gauche, en surveillant la ligne qui la longe. Il est 8 heures 10. Temps toujours idéal. Altitude, 2.050 mètres. Tout va bien, si ce n'est que la brume s'est levée jusqu'à 800 et 1.000 mètres. Elle nous cache le Rhin et la forêt de Hardt. Peu importe, le soleil aura tôt fait de la faire monter et elle ne dissimule qu'imparfaitement la rive droite que nous examinons. J'oblique un peu à droite pour pouvoir, en cas de panne, atterrir dans la forêt Noire, où nous nous échapperons plus facilement. 8 heures 45. Altitude : 2.150 mètres.

Voici Mulhouse. Le lieutenant qui m'accompagne compte trois trains militaires se dirigeant vers le nord. Nous suivons toujours le Rhin et bientôt notre avion survole Fribourg à 9 heures 10, à la hauteur de 2.350 mètres. Hélas ! à cette époque-là, nous n'avions pas encore le droit de lancer des obus, sans quoi... Quatre trains sont là, prêts à remonter vers le nord. C'est le point le plus éloigné de nos lignes (95 kilomètres). Nous obliquons vers l'ouest et bientôt nous approchons du Rhin.

Mais, est-ce une idée ? Le moteur, qui, tout à l'heure, ronflait si régulièrement, semble donner un autre son. Je regarde le compte-tours : de 870 il est tombé à 810. Cette baisse va-t-elle continuer ? Pour m'en assurer, je pique et ferme les gaz. Mon observateur sursaute. Je lui explique ce qui se passe. Puis j'accélère de nouveau, et le ronronnement régulier reprend. Le compte-tours remonte à 870. C'était une alerte, sans doute causée par un mauvais passage d'essence.

Voici Alt-Brisach que nous laissons sur

notre gauche à cause des canons à tir vertical. Il est 9 heures 40 et nous sommes à
2.400 mètres, hauteur maxima de notre randonnée. Nous repassons le Rhin, allant sur
Colmar, que nous atteignons à 10 heures
juste. Nous n'y apercevons qu'un seul train
remontant encore vers le nord. Puis nous
redescendons vers Thann, Cernay, Dannemarie, sans voir grand'chose, et, à 10 heures 45, c'est la descente rapide et joyeuse, à
l'aérodrome de Belfort.

Maintenant, une reconnaissance de champ
de bataille. Partis de Nancy à midi 45, nous
survolons Saint-Mihiel à 13 heures 35, à
1.800 mètres, puis, successivement, les forts
des Paroches, du camp des Romains, de Liou-
ville. Nous sommes à 2.000 mètres. Notre
mission consiste à repérer des batteries qui
doivent être situées derrière Montsec, près
de Buxières. Nous prenons de la hauteur et
bientôt nous arrivons au-dessus des pièces
ennemies.

Tout à coup, la danse commence : un obus
éclate, mais en dessous et à droite, puis un
autre à notre hauteur, très près sur la
gauche. Le tir étant à peu près réglé, quatre
canons à la fois nous prennent en fourchette.

La position n'est plus tenable, et comme nous avons vu ce que nous voulions, je mets l'avion vent dans le dos, vers nos lignes, et nous fuyons en zigzag. Les Allemands continuent à tirer.

A chaque instant, les obus éclatent à droite, à gauche, de tous côtés enfin. Ils éclatent même très près et nous entendons fort bien les explosions sourdes autour de nous. L'un d'eux arrive en dessous et nous couche sur l'aile droite. Je crois que nous sommes touchés. Mon passager se lève, mais ce n'est rien. Dieu soit loué !

Puis, comme nous nous éloignons à grande allure, les coups deviennent moins fréquents, se perdent dans le lointain. On sent que l'ennemi désespère de nous atteindre.

Enfin, nous voici au-dessus de nos lignes où nous venons nous poser doucement. J'examine l'appareil : il n'a rien. Mais, je l'avoue, j'ai eu peur.

Notre vengeance fut simple : nous indiquâmes aux nôtres la position des batteries ennemies. Le tir fut réglé et, après vingt-trois coups, elles étaient réduites au silence.

Sergent L...
(devenu lieutenant).

Dans les Tirés de l'Azur

Je venais d'arriver à la cote 116, dans ma voiture de chef d'escadrille, et je donnais le coup d'œil du maître.

Le signal était régulièrement placé sur cet aérodrome de fortune ; les mécaniciens se tenaient à leur poste. Tout au bout du terrain, un avion roulait sur le sol.

C'était le lieutenant de B... qui atterrissait, retour de reconnaissance.

Je m'avançai vers lui, mais, sans même prendre le temps de me serrer la main :

« Écoute, fit-il. N'entends-tu pas le bruit d'un moteur en l'air ? »

Je regardai le coin du ciel qu'il me montrait. A grande hauteur, les ailes étendues, un avion venait de l'ouest à toute vitesse, comme s'il eût été pressé de rentrer dans les lignes ennemies.

« Un Boche, pour sûr! Prête-moi ta jumelle!

— Vite! ma mitrailleuse et des cartouches, hurlait de B... Martin, combien d'essence encore dans le réservoir? »

Martin répondit avec flegme :

« Vous en faites pas, mon yeutenant! Faudrait d'abord être sûr que ce soye un Boche. Et puis, vous pouvez pas piloter et faire la chasse tout ensemble. »

La chasse! Ce mot, avec son cortège de visions sanguinaires, me donna soudain une tentation diabolique : le désir, la volonté de prendre ma part de cette poursuite implacable. Mais comment? Je savais trop qu'un avion fait partie de ce petit nombre d'objets qu'un aviateur ne prête pas volontiers à son meilleur ami. Comment faire?

« Ah! m'écriai-je, avec l'accent du désespoir, si j'étais aussi bon tireur que toi!

— Mais tu ne tires pas mal, et puis tu pilotes mieux. Tiens, prends le manche et partons... »

Je bondis avec enthousiasme dans l'appareil, tandis que les mécaniciens faisaient tourner l'hélice et que Martin vérifiait le plein.

« Allons ! allons ! gesticulait de B..., il n'y a pas une minute à perdre. »

Il montait à son tour. « Contact ! » Et nous voilà partis ! Par cette calme matinée d'automne, l'avion s'enlevait splendidement. Pourtant, il gagnait peu à la montée, obligé que j'étais de tourner en cercles pour ne pas m'éloigner et ne point perdre de vue l'adversaire.

Chose curieuse : pendant les préparatifs, forcément longs, du départ, l'Albatros (un biplan ! ce ne pouvait être qu'un Albatros) n'avait pas avancé beaucoup, et, d'autre part, il zigzaguait comme pour perdre de sa hauteur. Ah ! si nous allions l'atteindre ! Et pourquoi pas ?... J'imaginais déjà la lutte formidable, l'attaque par derrière, naturellement, pour réaliser la « surprise » tant prônée par l'école de guerre. Et tout le fatras de la « doctrine » me revenait à l'esprit. « La manœuvre pour la bataille », virages sur l'aile, piqués, cabrés ! « La bataille ! » Action foudroyante de la mitrailleuse dès que l'avion serait en bonne position. Enfin, « la destruction de l'adversaire » : l'Albatros dégringolé dans un nuage de flammes et de fumée, d'où sortiraient deux bras levés : « Kamerad ! »

1.200 mètres !... Tous ces rêves de gloire étaient ponctués par la pantomime du canon de la mitrailleuse, que de B... agitait désespérément derrière moi pour m'indiquer la manœuvre. « Mais oui, mais oui, mon vieux ; laisse-moi faire, on va l'avoir ! »

1.300 !... Nous montons toujours. Mais où diable est-il, ce damné Boche ? A force de tourner, nous finirons par le perdre avant d'avoir atteint sa hauteur.

1.600 !... « Aïe !... » C'est le canon de la mitrailleuse qui s'abat sur mon épaule gauche pour m'indiquer que l'ennemi est là, au-dessous de nous. Déjà ?... Et à si faible hauteur ?... Bizarre !... Enfin nous voilà bien placés. Le temps d'appuyer un peu à droite pour prendre du champ, encore une minute et :

« Ta ta ta ta ta ta ta ta... »

Malédiction ! Je me tourne à demi, hurlant des imprécations dans le bruit du moteur contre cet affolé de B... C'est trop tôt d'une minute. Maladroit ! Mais la bataille étant engagée, il faut la soutenir.

« En avant ! » Et, d'un coup brusque, je mets tout le palonnier et tout le gauchissement à gauche et nous voilà descendant à une vitesse vertigineuse sur le dos de l'adversaire. « Ta ta ta ta... » Ah ! ouiche ! C'est raté quand même. Nous sommes trop loin et il nous gagne. « Ta ta ta ta... » L'animal ! Raté, encore raté ! Je jure comme un païen. « Ta ta ta ta... » Oui, tire toujours ! C'était bien la peine de dépenser tout cet art dans la manœuvre !

Ma fureur ne... Mais quoi donc ! Que se passe-t-il ? Le voilà qui se met en plongée verticale : « Il est touché ! il tombe !... »

Cris de joie, délire. De B... debout dans la carlingue, au risque d'être débarqué, danse et gesticule. Maintenant le manche à fond, moteur coupé pour ne pas rompre les ailes, c'est la poursuite, dans une descente aussi serrée que possible, mais, un peu avant le sol, l'Albatros, que je croyais blessé à mort, se redresse et... Dieu me pardonne ! c'est notre propre terrain qu'il choisit pour se poser ! Ah ! nous allons rire !

Quelques secondes après, nous étions au sol à notre tour. Laissant l'appareil en plein champ, nous accourions au pas gymnastique pour voir nos prisonniers, mais — ô surprise ! — du plus loin que nous pûmes les apercevoir, ils nous apparurent dans une attitude de gentlemen, cigarette aux lèvres, causant familièrement avec nos mécaniciens.

« C'est trop fort, dis-je. Ils vont faire mettre nos mécaniciens au « garde à vous ». Heureusement Martin ne comprend pas l'allemand.

— Ah ! fit de B..., s'arrêtant soudain de courir et comme frappé d'une idée, mais il est allé au Canada.

— Oui. Et après ?

— Il ne comprend peut-être pas le boche, mais il parle l'anglais. »

A mon tour je m'arrêtai. Nous nous regardâmes un instant, stupéfaits. Et nous fûmes consternés, en nous approchant, de nous trouver en présence d'un officier du Royal Flying Corps de Sa Majesté Britannique, accompagné de son mécanicien.

« Excuse me ! » nous dit-il, en s'avançant vers nous, la main tendue.

Comme ironie, c'était cruel ; nous faire des excuses parce que nous avions failli le tuer.

Martin nous expliqua que l'Anglais avait eu une panne et que, voyant un signal d'atterrissage sur notre terrain, il s'était permis de venir nous demander l'hospitalité.

« Correct ! correct ! ponctuait notre camarade allié, en souriant d'un air qui quêtait une approbation.

— C'est que... c'est que..., dis-je en me grattant la tête, savez-vous que nous avons failli vous tuer !

— Aoh !... »

Un effarement comique parut sur sa figure glabre.

« Oui, ajouta de B..., nous vous avions pris pour un ennemi. »

Cette fois, notre « prisonnier » partit d'un éclat de rire sonore.

« Aoh ! dit-il, quand il eut fini ; alors, vous, comment dites-vous : vous êtes « salaud », est-ce bien ainsi ?... »

Et il recommença à rire de plus belle.

Mais notre déconvenue était poignante, il faut croire, car soudain son hilarité fit place à une commisération inquiète. L'air penaud de B... surtout l'affligeait.

« *Checr up*, lui dit-il, en lui tapant familièrement sur l'épaule. N'ayez aucun trouble... Ce sont les « fortiounes » de la guerre. Pour « punishment » vous prendrez « luncheon » avec moi. »

Et il se détourna pour donner des ordres à son mécanicien. Alors, de B..., qui suivait son idée, me dit, en confidence :

« C'est tout de même vexant, cette histoire-là !... Si seulement on ne l'avait pas su ! »

Capitaine J...

Un Combat aérien

———

29 mars 1915.

Ma chère Maman,

Je vous écris pour vous raconter en détails les dix minutes que j'ai vécues il y a trois ou quatre jours, minutes uniques qui marquent le point culminant de ma vie, tellement elles sont exceptionnelles et remplies d'émotion violente. Cette émotion, je vais essayer de vous la procurer en vous racontant cette aventure au présent comme si j'y étais encore.

Vous allez croire être transportée en plein

conte d'Edgar Poe ou de Wells, ainsi que je vous l'écrivais avant-hier.

C'était vendredi dernier 26, voici les faits :

8 heures du matin. — Il fait un beau soleil, un vent du nord-est assez violent. De B..., qui commande l'escadrille, m'a chargé d'aller prendre une série de photographies au-dessus des lignes ennemies.

L'armée les réclame. L'aéroplane sur lequel je vais monter est celui d'un excellent pilote civil, actuellement caporal.

8 heures 10. — Nous venons de nous envoler. Notre petit Morane parasol tangue fortement. Il a des coups secs. Décidément le vent est violent, il fait déjà froid. Que sera-ce quand nous serons à 2.000 mètres ? Tranquillement je vérifie si tout fonctionne bien dans l'énorme appareil photographique que, pour l'instant, je tiens sur mes genoux.

Devant moi j'aperçois le dos de mon pilote emmitouflé dans une peau de chèvre. Par-dessus son épaule, je consulte le compte-tours et l'altimètre. Nous sommes à 1.200. Le moteur chante bien. Son hululement éolien est décidément régulier, normal, sûr. Il ne bafouille pas. Chacun des neufs cylindres fonctionne avec netteté, avec précision.

8 heures 25. — L'altimètre marque 2.100. Malgré ma combinaison fourrée, je commence à avoir froid sérieusement. La hauteur voulue est atteinte. Au-dessous de nous, loin, loin, le paysage s'étend à perte de vue. Ce n'est plus qu'une carte en couleurs à grande échelle, où les villages se découpent en blanc clair, où les rivières serpentent en miroitant. Voici le front strié de tranchées françaises et allemandes. Les tranchées apparaissent comme un faisceau de lignes jaunes ou brunes qui se coupent et se recoupent à l'infini.

Ce sont elles que nous allons photographier.

A notre droite, s'étend l'énorme masse de la ville de R... Nous venons de traverser une couche de nuages très blancs. Le vent est violent. Ces nuages sont nombreux, mais petits. Ils ne sont pas gênants. Ils se succèdent sans discontinuer au ras des roues de l'appareil. Ils passent avec la vitesse de l'éclair, emportés comme par une rafale brutale. Nous marchons vent debout et cela semble encore augmenter de vitesse. Ils passent, ils passent en une galopade enragée!

Dans l'intervalle, nous apercevons la terre

de façon fugitive, cette terre dont nous ne faisons plus partie, du moins pour le moment.

Altimètre 2.300. Il a été décidé que nous resterions à cette hauteur.

8 heures 40. — Nous n'avons pas encore franchi les lignes.

Soudain j'aperçois à notre gauche et à la même hauteur, mais loin, très loin, un point sombre un peu allongé : évidemment un aéroplane. Je me penche sur l'épaule du pilote et crie à tue-tête pour qu'il puisse m'entendre : « Un appareil à gauche ! » Le fracas du moteur l'a empêché d'entendre. Nous n'avons pas d'acoustique.

Je hurle encore plus fort : « Un appareil à gauche ! »

Du doigt je lui indique la direction. Le pilote a vu. Il a compris. Je vois son casque s'incliner plusieurs fois de bas en haut pour dire : « Oui. » Il se retourne à demi. Hochement du casque, interrogateur. Cela veut dire : « On y va ? »

De nouveau j'approche ma bouche de son oreille enfouie sous trois épaisseurs de passe-montagne : « En avant ! »

Virage sur l'aile gauche. L'aile gauche

semble un instant s'appuyer sur la terre. L'aile droite monte brusquement en plein ciel. Les tendeurs sifflent sur une note aiguë. L'appareil se redresse. Nous avons changé de direction. Nous avançons pleine vitesse, « pleine sauce », pour employer l'expression courante des escadrilles.

J'ai relevé mes lunettes sur la visière. Je m'efforce de river ma jumelle à mes yeux et d'identifier l'avion sur lequel nous marchons. Impossible ! La vibration de notre appareil ne permet pas encore cet examen. Dans le champ de la lunette le point sombre paraît un peu plus allongé, dansant avec frénésie.

Monoplan? Biplan? Je ne puis savoir. Il faut attendre. Nous approchons à vue d'œil. Nous prenons 100 mètres de hauteur par précaution, de façon à dominer notre adver_ saire si c'en est un! Oui, nous approchons, nous approchons!

Maintenant nous voyons bien l'appareil. Il se présente de profil et un peu plus bas que nous. J'estime qu'il doit être encore à 1.500 mètres sur notre gauche.

Est-ce un biplan? Il me semble, mais je ne suis pas sûr. Il est trop de profil. Il marche en plein vers le nord-ouest. Il ne paraît pas s'être aperçu de notre présence, ou du moins s'en inquiéter. Il doit être français.

Nous filons à une vitesse fantastique, ayant le vent presque dans le dos. Nous dérivons légèrement.

Le parasol fait du 125; nous devons voler en ce moment à plus de 150.

Les nuages continuent à passer au-dessous de nous à une allure folle, vertigineuse. Nous approchons toujours. Jumelle aux yeux, je tends toute ma volonté, j'écrase les oculaires contre mes arcades sourcilières. Je veux voir! Et je vois. C'est un biplan! Fuselage plein! Pas de doute. C'est un allemand! Aviatik? Albatros? Cela je ne sais pas encore. Qu'importe! Il faut lui couper la route. Actuellement il nous tourne le dos. Il suit les lignes bien tranquillement. Il ne nous a pas encore éventés. Cela, d'ailleurs, est naturel, car nous le dominons et nous sommes placés entre le soleil et lui.

Je me penche vers le pilote et lui crie : « Boche! » Le casque approuve. Lui aussi a vu et reconnu. En avant! A Dieu vat! Nous le prenons en chasse. Nous passons à sa droite de façon à lui interdire l'accès de ses lignes et nous le suivons dans une direction parallèle.

A quelle distance sommes-nous de lui? 600, 500 mètres? Il est difficile d'apprécier. Mais dès à présent, je distingue nettement les croix de Malte de couleur sombre qui illustrent le plan supérieur. La queue est terminée par des plans fixes et un gouvernail de profondeur de forme allongée et angulaire. Cela me permet d'identifier immédiatement l'appareil. C'est un Aviatik! L'Albatros a la queue plus arrondie, en forme de spatule comme notre Nieuport.

Une grande émotion me saisit à la gorge, analogue à celle que je ressens à la chasse chaque fois qu'une pièce rare est près de se lever. Pourvu que je ne le manque pas!

Toutes mes précautions sont prises. D'un coup d'œil sur le liseur de carte, je me suis assuré du lieu. Je me « suis situé », de façon à ne pas nous perdre. D'un revers de main, j'ai fait sauter le déclic de la ceinture qui me rive à mon siège en cas de bourrasque. J'aurai les mouvements plus libres. L'appareil photographique toujours sur mes genoux (où le mettre?), j'ai décroché à la paroi du fuselage la carabine Browning à cinq coups, seule arme que nous ayons à bord, sinon nos revolvers. J'en vérifie le magasin. J'ouvre le mécanisme. Le chargeur est là dans son logement : les belles balles à enveloppe de nickel brillent au soleil. Je referme, j'arme.

Est-ce tout? Non ! Encore une chose à faire ! Il faut « communier avec le pilote », qu'une grande confiance s'établisse entre nous deux, qu'il sente que je suis décidé autant qu'il l'est; qu'il peut et doit marcher jusqu'au bout, jusqu'à la fin. Je me penche sur son épaule et hurle les deux mots que nous avons coutume de lancer pour relever notre énergie, deux mots un peu blagueurs, un peu étudiants :

« En avant! Ne mollissons pas! »

Le casque approuve avec énergie. Je devine le sourire. Tout va bien ! Ensemble nous faisons le signe de croix habituel.

Maintenant, tassé sur mon siège, embusqué derrière le pare-brise, la carabine entre les jambes, l'œil rivé sur l'Aviatik, j'attends, suffisamment calme, je crois, le moment de risquer, de jouer la grande partie : j'écoute le fracas des cylindres, le hululement du moteur. Tout notre appareil vibre.

Les nuages se succèdent à toute vitesse comme des flocons blancs. Minute unique ! Point culminant de ma vie ! Visiblement, nous gagnons sur l'Aviatik. C'est une chose connue, nous sommes plus vites que les appareils allemands. Nous gagnons ! Nous gagnons (j'allais dire du terrain).

Voyons, à combien sommes-nous ? 250? 200 mètres peut-être ?

Il ne nous a pas vus. Gigantesque oiseau de proie, aux ailes jaunes, marqué de croix de Malte, il glisse majestueux, sinistre et mystérieux. Je vois nettement le pilote un peu en arrière des plans. Il nous tourne le dos, habillé de cuir noir qui brille au soleil. L'observateur est plus en avant, invisible pour le moment, caché par le plan supérieur.

Je pense à l'homme que j'aperçois, à l'animal humain agrippé là-bas sur son volant, dont je ne connais rien, dont je ne sais rien. Le hasard nous a amenés là, dans ce coin du ciel, loin de tout, pour nous combattre et chercher à nous détruire de la façon la plus effroyable que l'on puisse rêver.

La distance diminue avec rapidité, visiblement nous gagnons sur l'Aviatik.

Maintenant j'aperçois le pilote avec détails. Il est habillé en noir, en cuir. Son casque est analogue aux nôtres. Je ne vois que son buste. J'estime que nous sommes à moins de 100 mètres. Je ne tirerai qu'au dernier moment, quand nous serons près, tout près l'un de l'autre.

Mais que pense mon pilote? J'éprouve le besoin de communiquer avec lui et je crie:

« Plus près. Ne mollissons pas ! »

Le casque dit : « Oui », plusieurs fois de suite. Tout va bien; je me sens le calme, la lucidité d'esprit qui précèdent les grands événements.

Le pilote allemand vient de bouger la tête. Il nous a vus. Quel coup il a dû recevoir au cœur!

L'Aviatik fait un virage sec à droite. J'ai le temps d'apercevoir l'observateur entre les deux plans.

Les Allemands fuient. C'est bien leur habitude. Nous avons l'initiative de l'attaque!

Je viens de faire glisser le cran de sûreté de la browning.

Je mets en joue. Le vent de l'hélice est si violent que je dois employer toute ma force pour maintenir l'arme en direction. Sur quoi vais-je tirer ?

Sur le pilote ? Sur le radiateur que j'aperçois très nettement comme un rectangle blanc ? Sur le pilote ? C'est le cerveau, le point vital de la machine. L'Aviatik a augmenté de vitesse. Il passe en oblique et un peu en avant par rapport à nous. Nous modifions notre axe de marche de façon à rester parallèles.

Je vise avec soin et un peu en avant du pilote. Au bout de ma carabine j'aperçois les câbles de gauchissement de notre appareil. Diable ! Il ne faut pas les couper. Ce serait la chute immédiate et brutale.

Lentement la position de l'Aviatik se modifie par rapport à nos câbles de gauchissement. Maintenant il est bien dégagé ! Le moment est venu ! Je presse sur la détente. C'est à peine si je perçois le bruit de la détonation, tellement le vacarme est effroyable. L'Allemand a penché la tête en arrière. Tué ? Non ! L'appareil ne dévie pas d'une ligne.

J'ajuste de nouveau. Quelle distance nous sépare ? 60 mètres à peu près. Il est extrêmement difficile de bien viser. La trépidation du moteur se transmet à tout l'appareil et le grain d'orge de ma carabine danse une effroyable sarabande au bout de son guidon.

J'appuie avec force la crosse contre mon épaule et je tire de nouveau. L'Aviatik s'est cabré. Mouvement involontaire du pilote? Manœuvre de sa part? Je ne sais. Quoi qu'il en soit, l'observateur allemand, d'un coup, s'est révélé. Nous sommes tout près. Il n'y a pas 20 mètres. C'est à faire dresser les cheveux sur la tête. Cet observateur est, lui aussi, armé d'une carabine. Je le vois mettre en joue. Qui vise-t-il? Le pilote? Moi? Il est difficile de se rendre compte. Impossible de mettre en joue avec sûreté. Les deux avions sont si rapprochés que le vent des hélices produit des remous énormes. Nous sommes effroyablement secoués. Je continue à ajuster le pilote. Impossible de le mettre au bout du guidon. Ah! le voilà devant. Je tire. Il lève une main en l'air. Crie-t-il grâce? Un instant je le crois. Non! j'ai dû le toucher à l'épaule. Entre temps, l'observateur a dû tirer aussi, car je le vois manœuvrer la culasse mobile pour réarmer. Sur qui a-t-il tiré? Qu'importe, il a manqué! Le voilà qui vise de nouveau. Il ramène son arme à la hanche. Il a donc tiré. On n'entend rien! rien! manqué encore!

Mon Dieu! Je sens l'appareil piquer follement, le nez en avant, presque vertical ! Ça y est, mon pilote est touché, tué peut-être. Un dixième de seconde, je suis secoué d'un frisson terrible. J'ai l'impression d'avoir le cœur écrasé dans un étau.

J'ai PEUR. Ce qui s'appelle avoir peur. Je ne le cache pas. Et je suis sûr que l'homme le plus brave du monde aurait eu peur aussi ! Seconde horrifiante, comme je me la rappellerai !

Brusquement, je respire. L'appareil se redresse. Mon pilote est vivant. Il a exécuté cette manœuvre hardie sans doute pour échapper aux coups ou pour suivre l'Aviatik qui pique en même temps.

De nouveau nous voilà parallèles à la même hauteur. A 10 mètres l'un de l'autre ! L'observateur allemand est debout dans le fuselage, carabine en main. Je le vois comme si je le touchais. Il porte une fourrure de couleur fauve, plaquée de taches noires. Il a des gants. Son casque est ajusté très haut sur sa tête. Des lunetttes sont relevées sur la visière. Il a de grosses moustaches noires. Il a l'air âgé, bien plus que moi. Je pressens en lui un officier supérieur de l'armée impériale, un de ceux que parfois les aviateurs promènent sur le front. Je sens aussi son affolement, son manque d'habitude.

Tout ce que j'écris là se passe en quelques secondes fugitives, à 150 à l'heure.

Je viens de prendre un chargeur de cinq cartouches dans la petite pochette spéciale, contre le fuselage, à portée de la main. Prêt de nouveau. D'énormes remous se produisent. Nous étions plus haut que l'Aviatik. Brutalement, d'un bond nous voici plus bas. Je vise l'observateur. Il me vise aussi. Vite, je tire. Seconde inoubliable ! Je le vois lâcher son arme qui retombe dans le fuselage. Il porte les deux mains à son cou et disparaît à son tour dans la nacelle. D'un bond nous voilà plus haut que l'Aviatik. Au pilote maintenant ! Les vibrations sont tellement violentes que je ne parviens pas à le viser.

Tant bien que mal je mets en joue. C'est à peine si j'entends les détonations sourdes de mon arme. En proie à une exaltation nerveuse violente, je tire à toute vitesse. L'Allemand s'est tassé dans son siège. Il y a juste le sommet de son casque qui dépasse. Je ne crois pas l'avoir touché. Il se cache si bien que je ne le vois plus.

Alors, avec rage, je tire dans le fuselage à

hauteur de son corps. Blindé, s'il veut, ce fuselage, je l'aurai bien! Je tire aussi dans le radiateur. Depuis un moment nous sommes en descente, nous piquons terriblement. Bientôt je sens notre appareil se relever, remonter, alors que l'Aviatik continue sa descente vertigineuse. La distance augmente entre nous.

Je frappe sur l'épaule du pilote pour l'interroger. Du doigt il m'indique l'altimètre. Nous sommes en dessous de 1.000. Diable! il faut se méfier! Nous volons depuis longtemps sur les lignes allemandes.

A 1.000 mètres. C'est d'une folle imprudence! Tant que nous serons bord à bord avec l'Aviatik on ne nous tirera pas dessus. Mais pour revenir? Oui, il faut remonter.

Et tandis que nous reprenons de l'altitude, je suis des yeux l'avion ennemi, qui descend, descend, descend en une fuite honteuse. Il diminue de grosseur de plus en plus, mais il ne tombe pas! Le pilote n'est pas tué!

En définitive, je suis sûr d'avoir:

1° Tué ou blessé l'observateur.

2° Percé le radiateur.

Quant au pilote, j'ai dû le toucher. Mais

cela n'est pas suffisant. Il eût fallu le tuer : l'Aviatik se fût écrasé au sol.

9 *heures*. — Nous repassons les lignes à 1.300 mètres sous une avalanche d'obus qui éclatent, ma foi ! bien près de nous, comme d'énormes flocons blancs. Bien entendu nous sommes manqués, comme de juste. Aucune émotion. Nous avons l'habitude. Chaque jour nous leur servons de cible.

10 *heures* 15. — Après avoir pris les photographies demandées, nous venons d'atterrir à notre champ d'aviation.

Juste à ce moment, rentre un appareil de l'escadrille. Le pilote et l'observateur qui le montent viennent d'avoir absolument la même aventure. Ils ont attaqué un Albatros. Plus heureux, ils prétendent l'avoir abattu dans les lignes allemandes.

Nous avouons loyalement que ce n'est pas notre cas, mais nous racontons tous les détails de l'affaire et on nous serre les mains avec effusion.

Ouf ! c'est fini, je ne pense plus qu'à une chose : en rencontrer un de nouveau et *le descendre dans nos lignes*. Cela viendra [1].

1. Cet événement désiré se produisit le 2 avril 1915.

Ma chère maman, n'ayez pas trop peur en lisant ce récit authentique dans le plus infime de ses détails (et ils n'y sont pas tous !). Mais je tenais à le laisser par écrit. Franchement il en valait la peine. Je pense (sans chercher à me défendre d'un sentiment d'orgueil) aux pâles combats ridicules des personnages d'Homère. Je me suis battu à 2.300 mètres d'altitude, face à face à 10 mètres avec un ennemi. Franchement, j'en suis fier !

Lieutenant Ch...

En veillant sur la Revue

Il est exact de dire que les collisions aériennes volontaires ne peuvent être considérées comme pratiquement utiles ou nécessaires que dans des circonstances spéciales. Elles peuvent parfois être envisagées, mais très exceptionnellement, comme un devoir. Il faut voir là, en effet, en se plaçant au point de vue de la défense du pays, le résultat pratique, mais il ne s'agit nullement de sacrifier son appareil, sa vie qui peut être précieuse, pour avoir la gloire d'abattre un appareil allemand.

Il est vrai que les abordages aériens réellement volontaires sont peut-être plus rares qu'on ne le pense. En tout cas, ceux qui seraient à même de pouvoir en expliquer les véritables raisons, l'impérieuse nécessité, ne sont plus de ce monde.

Je puis ici signaler un cas où l'abordage paraissait s'imposer et où il n'a pu se produire, malgré la ferme volonté du pilote.

C'était à la fin de mars 1915, dans la région de Châlons, où il y avait une escadrille qui fit parler d'elle. Le pilote R... était encore sergent.

Il rentrait d'un bombardement de nuit effectué sur sa demande. Ils étaient encore rares à cette époque les vols nocturnes !

A son atterrissage, il reçut l'ordre d'organiser dès la première heure un sérieux barrage aérien et de s'opposer par tous les moyens aux incursions des appareils ennemis dans le secteur, où se trouvait en visite une *très haute* personnalité dont il devait protéger la vie contre les attaques aériennes.

Vous le voyez, c'était un peu le cas du petit caporal. R... devait être accompagné du lieutenant M... comme mitrailleur.

Le jour à peine venu, les deux policiers de l'air se mirent, malgré quelques alterca-

tions avec le moteur, en route vers les airs.
Après deux heures d'attente environ, R... vit
apparaître un avion allemand qui venait directement pour franchir nos lignes et pénétrer dans le secteur défendu.

Nos batteries, sans se soucier du danger
qu'elles faisaient courir à R... et à son compagnon, se mirent de la partie, et notre vaillant pilote, au milieu de la mitraille, se di-
rigea droit au-devant de l'ennemi.

Il y eut un émouvant chassé-croisé entre
les deux appareils qui, tous deux à bonne
portée, avaient engagé le combat. Malheureusement, à la vingt-quatrième cartouche, la
mitrailleuse s'enraya et l'avion français se
trouva sans défense.

Que faire? Deux seules ressources restaient à nos aviateurs : la fuite devant les
Boches qui continuaient à tirer, avec toutes
ses conséquences, ou la lutte à outrance par
l'abordage qui, infailliblement, devait entraî-
ner la chute des deux aéroplanes, la mort héroïque, mais la mort certaine !

R... n'hésita pas et fonça sur l'appareil allemand qu'il était arrivé à prendre en chasse,
à gagner en vitesse. R... avait affaire à forte
partie.

Les Allemands firent demi-tour, face à l'adversaire, et vinrent, bien armés, droit sur l'appareil français, cherchant à intimider son pilote *désarmé*.

R... ne céda pas un pouce. Au contraire, il accéléra sa marche. Le terrible événement était ¦proche, il était même dans l'esprit de notre héros, *inévitable*, lorsque les Boches, profitant de leur présence au-dessus de leurs lignes, piquèrent, paraissant tomber, directement vers celles-ci, échappant ainsi, comme les nôtres, à une mort certaine.

Mais ils ne purent poursuivre leur route, ils ne purent passer! R... et son passager avaient bien mérité de la Patrie.

Un an après, au cours du bombardement de l'aérodrome d'Hubsheim et de la gare de Mulhouse, R..., devenu adjudant, était chargé d'escorter ses camarades. Ce fut la première grande bataille d'escadres aériennes. Notre pilote était attaqué par deux Fokkers qui ouvraient un feu nourri et précis : durant de longs instants la lutte se poursuivait. Finalement, R... parvenait à se dégager, grâce à l'assistance que venait lui prêter son camarade, le sous-lieutenant serbe M... Et il pouvait reprendre le chemin de ses lignes : son appareil était criblé de balles. Quant à lui, il avait le bras fracassé et son passager avait deux projectiles, l'un dans l'épaule, l'autre dans le bras.

Par deux fois, R... s'évanouissait pendant la descente, mais il parvenait à reprendre ses sens juste en arrivant au sol et réussissait un atterrissage impeccable.

Une fois à terre, il retombait inanimé, vaincu par la douleur et par la perte de sang : mais il avait sauvé son camarade et son avion.

R...

Trois Citations. Trois Aventures

Le 27 décembre 1915, je suis désigné, avec le lieutenant Richelieu, tué depuis dans un combat à Verdun, pour accomplir, au-dessus des Vosges, une surveillance de la région de l'Hartmannswillerkopf, en liaison avec la … division. Après l'essai du moteur qui tourne à 860 tours et de nombreuses recommandations du chef d'escadrille, auquel on a signalé un fort vent d'ouest, nous prenons l'air à 14 heures.

Nous voici bientôt à 2.600 mètres d'altitude, mais, en réalité, à 1.500 au-dessus de la région que nous allons observer. Ce n'est pas sans quelque émoi que j'essuie les premiers coups de canon. Bien vite je me remets de cette angoisse passagère et j'arrive même à oublier le tir de l'artillerie ennemie, car j'ai à lutter contre un vent violent de 25 à 30 mètres. Il faut marcher à plein moteur, si je ne veux pas être entraîné en Allemagne.

La chance ne semble pas me suivre, car mon moteur va bientôt donner des signes de détresse. Je dois toujours voler à plein régime et cela n'a pas l'air de convenir à mon 80 chevaux qui chauffe, chauffe, sûr de sa puissance, et nous embarque vers l'ennemi.

Désespérément, je lutte contre ce maudit vent. Cependant je suis toujours entraîné et nous descendons. Devant pareille cible, l'artillerie fait rage, sans arrêt. Nous sommes environnés de nombreux flocons de fumée.

« Du 105, du 130 », me dit mon observateur qui arbitre le tir.

Ça m'est bien égal, le calibre, mais d'instinct, je baisse la tête lorsque les coups approchent. La descente continue. Tous les 100 mètres, j'annonce la hauteur à mon passager.

1.000 mètres, 900. Quelle belle proie pour

les artilleurs ! C'est à qui nous descendra, mais ils tirent mal. 800 mètres. Nous sommes au-dessus de Sulzmatt. Mon compagnon a rassemblé des cartes et documents et prépare sa boîte d'allumettes-tisons. Il semble que tout est fini. Aucune chance de rejoindre nos lignes.

Quelle impression affreuse de se dire que dans quelques instants on sera prisonnier ! Je ne réponds même plus aux questions de mon observateur. Mon esprit est rivé au ronron du moteur. Soudain, il me semble qu'il tourne mieux. Ce n'est pas une illusion. Ah ! quelle joie ! Sauvés ! Nous remontons, mais nous n'avançons pas.

Qu'importe, nous sommes maintenant à 3.500 mètres. Et d'un regard serein j'aperçois au loin la belle terre de France qui semblait nous répudier. L'espoir renaît et, avec lui, une énergie nouvelle.

En avant, plein gaz, je pique, je perds de la hauteur, j'avance un peu. Nous nous rapprochons des lignes. Mais, ô guigne affreuse ! une seconde fois mon huit-cylindres se repose. Il faut redescendre. Néanmoins, j'ai confiance cette fois ; je sais qu'après un léger repos, il nous rentrera à notre port d'atterrissage. En effet, il reprend peu après.

Oui, mais c'est au tour d'une autre série d'inquiétudes. Il y a 2 heures 30 que nous tenons l'air, et mon mécanicien m'a dit n'avoir mis que pour trois heures d'essence dans le réservoir. De plus, le jour a baissé. On n'y voit presque plus. Je tiens conseil avec le lieutenant Richelieu et nous décidons de nous poser sur le prochain terrain.

Impossible de choisir : il n'y en a qu'un qui puisse nous recevoir, ai-je entendu dire à l'escadrille. Je réduis la sauce, je descends, et j'attends. Il fait nuit presque complètement. Le vent a faibli, mais quels « coups de tabac » dans la vallée de Thann, au fond de laquelle nous devons atterrir.

Je ne suis plus maître de mon avion. Je fais des bonds et des descentes brusques de 100 mètres. J'ai l'impression que nous allons nous écraser. Alors vite, changement de tactique, et nous décidons de rentrer coûte que coûte à l'escadrille.

Mais il faut passer les Vosges et je n'ai aucun éclairage de bord. Comment savoir à quelle hauteur nous sommes? Nous voguons au petit bonheur; point de direction : les lumières de Belfort. Ah ! que le temps paraît long ! Ne pas savoir si l'on survolera l'obstacle ou si l'on s'écrasera contre lui.

Si, tout d'un coup, il n'y avait plus d'essence ? Quelle horrible mort au fond de ces ravins. Et blessé seulement peut-être, n'espérant aucun secours, parce que n'ayant pas été vu, attendant la fin du martyre !

Ces réflexions, mêlées à d'autres plus ou moins bizarres, ne durent que quelques secondes. De temps en temps, je demande à mon observateur si nous passons. Il me répond avec hésitation, car qui, en la circonstance, serait sûr de soi-même ? Enfin il nous semble, à nous deux, avoir passé le point culminant et, victoire ! ce n'est pas une illusion, car bientôt, au-dessous de nous, nous apercevons les lumières de villages au pied des montagnes.

Cette fois nous sommes relativement sauvés. Il ne nous reste plus que la crainte de la panne d'essence. Vite en descente vers notre port d'atterrissage, je perds insensiblement de la hauteur et nous arrivons au-dessus du terrain. Je fais un tour pour me rendre compte de ma hauteur, j'effleure les toits des hangars à dirigeables et, jugeant que tout va bien, je me dispose à atterrir. Je coupe entièrement les gaz, je pique, mais trop fort certainement, car je prends de la vitesse et l'endroit où je touche le sol est si proche des Bessonneau que je vais m'écraser dans l'un d'eux. Par miracle, pas une égratignure ni pour l'observateur ni pour moi.

Et après être resté 3 heures 3o en l'air, être rentré en pleine nuit avec 6 litres d'essence, avoir, en un mot, subi les plus dures épreuves, j'étais récompensé de nos efforts par la remise de la croix de guerre.

Moins d'un mois après, le 23 janvier 1916, nouvelles émotions. Je pars, avec le lieutenant Dalsace comme observateur, pour régler du 155 sur une batterie lourde ennemie casematée, située dans le secteur sud de la Haute-Alsace.

Pan, pan et pan !... le réglage marche à merveille. Depuis plus d'une heure je tourne au-dessus de l'objectif sans me soucier des multitudes de projectiles qui m'encadrent. Une batterie antiaérienne se montre particulièrement dangereuse et tenace : chaque fois les six coups éclatent presque à ma hauteur et je ne suis qu'à 1.8oo mètres. Tout à coup, il me semble que mon avion est blessé. Un formidable déplacement d'air l'a secoué complètement.

« Touché ! Je suis touché ! »

Je ne puis m'empêcher de pousser ce cri à l'adresse de mon observateur. Mais ce ne sera rien, je ne ressens pas de douleur. Je décide donc de finir le réglage, malgré les conseils de mon compagnon qui, me croyant plus sérieusement atteint, me conseille de rentrer.

La canonnade a brusquement cessé.

Dommage! C'est que l'oiseau de proie survient ! En effet, un rapide Fokker a surgi et, comme un bolide, pique sur nous. Pauvre 80 chevaux, que peux-tu faire contre ce chasseur ? Il faut te défendre pourtant ! Tu ne peux te laisser maltraiter sans résister.

Une première bande de mitrailleuse. Rien. Par deux fois encore, nous essuyons le terrible feu de l'ennemi qui, à la dernière salve, nous attaque à 800 mètres d'altitude, dans nos lignes. Mon avion est copieusement touché : éclats d'obus, balles de mitrailleuse, rien n'y manque.

Il faut pourtant rentrer. Le réservoir se vide, car un projectile inopportun est venu se loger sur le côté, en bas. Heureusement le terrain n'est pas loin. Le danger de l'incendie nous aiguillonne. Bien vite, sans autre incident, nous nous posons. Je fais ensuite le tour du biplan et je constate que nous avons, de bien près, frôlé la mort. Le réservoir est à sec, deux mâts sont cassés, dont l'un, support du moteur, est brisé à deux endroits; le tube de T. S. F. est sectionné; la corde à piano de haubanage du plan rabattant est coupée, et quelques dizaines d'éclats et balles sont éparpillées un peu partout.

Cette randonnée me valait une seconde citation.

Le 21 février, autre épreuve. Je partais pour une mission photographique avec le lieutenant Vernillat, blessé très grièvement depuis dans un combat aérien. Nous devions rapporter des clichés, Nous étions en train de prendre le dernier, lorsque tout à coup j'aperçus un avion qui se hâtait vers nous. Il était encore loin et je n'y prêtais qu'une attention relative. Je pensai que ce devait être un Nieuport qui venait d'accompagner à Mulheim le groupe de bombardement du capitaine Happe.

Il se rapproche. Vite, je le reconnais.

« Du boche ! » dis-je à mon passager.

Le temps de fermer l'appareil photographique et de bondir sur la mitrailleuse, nous sommes déjà attaqués.

Première rafale sans résultat : « Y a bon. » Je surveille la manœuvre de l'adversaire et me rends compte qu'il va nous attaquer à nouveau. Moteur au ralenti, point de direction : nos lignes, la mitrailleuse au-dessus du plan tirant en retraite. Telle est notre tactique.

Le Boche pique, il n'est plus qu'à 5o mètres. Mon observateur tire coup par coup, puis deux, trois coups à la fois, et c'est enfin la rafale meurtrière.

L'Aviatik de chasse a piqué à la verticale et, à quelques mètres seulement de mon stabilisateur, une immense fumée s'en échappe, des flammes l'entourent. Je crois que nous avons gagné. En effet, je le suis jusqu'au sol, dans la forêt de Nonnenbrück où il s'écrase. C'en est fini pour lui. Tant pis, un de moins !

Cette victoire me valait, comme caporal, ma troisième citation.

Quelques jours après, c'était l'attaque de Deppois où je survolais les lignes presque

à ras du sol ; puis c'était Verdun, et là, ter-
rassé par la maladie, j'étais obligé de me
faire évacuer et de demander ma radiation
momentanée du personnel navigant.

Sergent D...

L'Obus de plein fouet

L'histoire se passa le 12 août 1915 à quatre heures trente de l'après-midi.

Nous étions partis, le lieutenant Guillemin et moi, sur un bi-moteur pour faire une reconnaissance photographique. Nous venions de traverser les lignes aux environs du bois Le Prêtre, près de Pont-à-Mousson.

Mon observateur s'apprêtait à prendre des clichés. Nous nous trouvions à 2.200 mètres d'altitude et à environ 3 ou 4 kilomètres à l'intérieur du territoire ennemi. Les batteries contre avions commençaient à nous prendre comme cible. Je distinguais en dessous de moi quatre éclatements montant en échelons. Habitué à ce genre d'encadrement, je ne m'en souciais pas outre mesure, lorsque soudain un choc des plus violents me décolla de mon siège, m'obligeant à abandonner mes commandes.

Je n'avais rien vu, rien distingué, mais il n'y avait aucun doute à avoir. J'étais touché.

Vite je ressaisis mon levier et rétablis tant bien que mal mon gigantesque avion, dont en un clin d'œil j'avais fait un rapide inventaire.

Et quel inventaire !

Un côté de l'appareil était à peu près intact, mais l'autre inspirait beaucoup moins confiance.

L'obus, je m'en rendis compte par la suite, avait percuté sur le nez du moteur de droite. La chaleur de l'explosion l'avait en partie fondu. L'hélice, broyée, avait disparu ainsi que le capot en aluminium qui recouvrait le moteur et qui était presque entièrement volatilisé. Il n'en restait que de vagues morceaux pendant lamentablement. Le carter du moteur était enfoncé, un cylindre et son piston avaient été complètement arrachés et projetés je ne sais où. Les autres cylindres étaient traversés d'éclats de tous côtés, les tiges de commande de soupapes tordues, coupées, déchiquetées.

Le réservoir qui se trouvait juste derrière le moteur avait été dessoudé par le choc et l'essence qui en coulait avait pris feu.

La secousse avait été si violente que la plupart des cordes à piano qui maintiennent l'assemblage de la cellule avaient éclaté. Par miracle la principale avait cédé, s'était étirée, sans se rompre.

Les câbles de gauchissement étaient très endommagés, un complètement sectionné en deux endroits et l'autre en partie. Les mâts qui supportent les moteurs étaient eux aussi cisaillés ou déboîtés, les plans criblés de trous, les longerons rompus à trois places par les éclats d'obus.

Quant à la nacelle, elle était copieusement ajourée, et de l'appareil photographique il ne restait rien. Le train d'atterrissage n'avait pas été plus heureux : les tubes qui le constituent étaient percés en maints endroits, les pneumatiques n'existaient plus, les roues étaient tordues. L'une d'elles faisait un impeccable 8.

Un éclat avait ébréché l'hélice du moteur de

gauche sans la briser, Dieu merci! et sans l'empêcher de continuer tranquillement son ronronnement. Un autre avait crevé le réservoir de gauche à son tour et l'essence se répandait à flots. Fort heureusement, le feu n'avait pas pris à cette fuite.

Seules les commandes de direction et de profondeur étaient intactes.

Hélas! mon passager avait été atteint également. Je m'en étais rendu compte tout de suite, car, sitôt le choc passé, il s'était retourné pour voir ce qu'il était advenu de moi. Me voyant tranquille à mon poste, toujours souriant — il me le répéta le lendemain! — il eut le courage de me montrer son bras droit et de me faire signe de rentrer.

Le geste était inutile, mais, en la circonstance, d'une belle crânerie. J'avais aperçu une plaie que les vêtements sanguinolents rendaient énorme. D'autres éclats l'avaient blessé à diverses parties du corps. Un, entre autres, lui avait coupé l'artère du bras gauche.

J'étais sain et sauf : deux éclats étaient passés à côté de moi, entre les jambes, traversant la carlingue sans me toucher.

L'appareil tenait encore, nous étions tous

deux vivants, mais il fallait revenir. Chose curieuse, malgré l'état de l'appareil, je n'eus à aucun instant l'idée qu'il pourrait en être autrement.

J'avais, en redressant mon biplan, fait demi-tour et j'étais face nos lignes. Deux solutions se présentaient pour descendre : piquer pour conjurer le feu ou me mettre à plat pour ne pas fatiguer l'appareil.

Toutes les ficelles qui pendaient comme celles d'un pantin démoli, m'incitèrent à descendre le plus lentement possible. Je me mis presque horizontalement et planai doucement, tout doucement avec de multiples précautions et en surveillant le feu qui fort heureusement ne faisait pas trop de progrès.

Combien de fois ai-je regardé le sol, puis mon altimètre, mon altimètre, puis le sol, je ne puis le dire. Tous les 100 mètres, je me disais :

« Ça va, ça va, on arrive ! »

Et pourtant pas une seule fois je n'eus la sensation qu'il pourrait m'arriver malheur. Je ne sais ce qui me rendait si calme, si confiant. Une voix intérieure me guidait et me donnait courage. C'est une impression très bizarre et curieuse, que je n'ai éprouvée que rarement, mais il semble qu'en pareil cas, même si on était précipité vers le sol dans une chute effrayante, on conserverait espoir… et on serait sauvé.

Le seul moment d'appréhension fut celui où j'arrivai au-dessus du terrain d'atterrissage que j'avais choisi, à quelques kilomètres des lignes, parce que je le connaissais bien.

Je me trouvais encore à 600 mètres. J'étais descendu jusque-là à plat, mais pour ne pas dépasser le champ et m'y poser face au vent, il était nécessaire que je fisse un virage, une spirale complète.

L'appareil supporterait-il cette manœuvre ? J'hésitai quelques secondes, puis tout doucement, avec de multiples précautions, je tournai, faisant une grande orbe bien droite, et j'arrivai au sol pour y atterrir de mon mieux.

Je fis, je puis le dire sans forfanterie, un atterrissage impeccable. Mais là, situation tragique, affolante.

Le feu, que le déplacement d'air avait empêché de lécher le réservoir, prenait, une fois l'appareil arrêté, des proportions inquiétantes.

Au cours de la descente, mon passager

s'était évanoui et s'était affaissé inerte dans la nacelle. Si le réservoir surchauffé éclatait, c'en était fait de lui, il serait carbonisé.

Quelle vision atroce! Je revis encore, en écrivant, cette minute angoissante qui fut pour moi le moment le plus douloureux de cette aventure.

Comme ivre, je sautai de l'appareil alors qu'il n'était pas encore tout à fait arrêté et je me précipitai vers mon malheureux compagnon pour le tirer tant bien que mal de son siège. Mais j'étais seul, engoncé dans mes vêtements, je ne pouvais réussir et me rendais compte que mes gestes risquaient de faire souffrir davantage le lieutenant Guillemin, quelles que fussent les précautions que je prenais.

Enfin, je parvenais à le retirer en partie de la nacelle, lorsque des territoriaux accourus vinrent me prêter main-forte pour le dégager complètement et le conduire hors de portée de l'incendie.

Je m'occupais alors du feu et, quelques troupiers m'aidant, nous parvenions à l'enrayer en y jetant de la terre. Le spectacle était curieux, je me le rappelle, de tous ces hommes, dont le nombre augmentait incessamment, arrachant les mottes d'herbes pour les jeter sur les flammes.

Pendant ce temps, mon pauvre camarade souffrait le martyre. Il avait été touché cruellement. Sa place était inondée de sang. Tout le long de la nacelle d'immenses traînées rouges s'échappaient par les trous causés par les éclats. Le plancher était traversé, tous les câbles allant aux gouvernails de profondeur et de direction, ainsi que le plan arrière, étaient également trempés. L'hémorragie avait été terrible : deux jours après, le lieutenant Guillemin, modèle de vaillance et de stoïcisme, rendait le dernier soupir après avoir subi l'amputation du bras.

. . . .

Vous dire qu'après cette aventure, je retournai sur les lignes le cœur léger serait une gasconnade. Lorsque, quelques jours plus tard, sur un nouvel appareil, — l'autre est exposé aux Invalides, — je traversai nos tranchées, lorsque je me revis environné par les gros flocons blancs jaunâtres qui cherchaient à m'atteindre, des sueurs froides, je l'avoue, me couraient le long du dos.

J'ai oublié depuis ces sensations délicates. Je retourne au front sur avion de chasse et suis anxieux de savoir si, à la vue des crapouillots, je resterai insensible ou s'il faudra que je recoure à toute ma volonté pour passer toujours et quand même.

Adjudant D...

Le Tibia brisé

Jeune pilote de la classe 16, j'étais arrivé depuis peu à l'escadrille que commandait le regretté héros, le capitaine Quillien. Je m'étais vu affecter un biplan Nieuport 110 chevaux et avec un tel engin j'espérais vite prendre place parmi les as. Mon passager habituel était le maréchal des logis Courtel.

Le 31 mars 1916, nous faisions tranquillement des photographies à une quinzaine de kilomètres à l'intérieur des lignes allemandes lorsque, soudain, nous entendons des coups de mitrailleuse au-dessus de nous. Instinctivement nous baissons la tête, mais pour la relever aussitôt. C'était un de nos camarades, chargé de nous protéger, qui était en train de vider une querelle avec un Fokker.

Mon observateur lâche son appareil photographique et se précipite sur sa mitrailleuse. L'Allemand approchant, il lui envoie quelques balles. Aussitôt le Fokker pique à la verticale. Croyant l'avoir abattu, mon camarade me frappe sur l'épaule pour que j'assiste à la chute. Mais, arrivé à notre hauteur, le Boche se redresse et, avant que mon passager soit remis de sa surprise, nous envoie une grêle de projectiles qui passent dans la carlingue et crèvent mon réservoir d'essence. Le tour avait été bien joué. Hélas !...

Bien que déjà accoutumé au combat, je compris pour la première fois tout le danger du duel aérien en voyant les balles faire sauter le contreplaqué entre nos jambes et en sentant une atroce secousse au pied droit, causée par une cartouche qui m'écorchait simplement mon soulier.

Mon observateur avait vite riposté et notre adversaire s'en était allé. Mais il nous fut impossible de constater s'il abandonnait par manque de courage ou par suite de blessures.

Malgré la perte d'essence, je parvenais à regagner nos lignes et à atteindre notre champ d'atterrissage de Sainte-Menehould, où nous rapportions complets les clichés que le commandement attendait.

Vite, mon oiseau était remis en état et le surlendemain, 2 avril, je prenais à nouveau mon vol, désireux de me venger. Courtel, qui m'accompagnait encore, n'était pas moins décidé. Notre mission consistait à protéger un Maurice Farman qui devait prendre des photographies au-dessous de Binarville et Varennes. Un second Nieuport assurait l'escorte.

Nous n'allions pas loin à l'intérieur des lignes et commencions à penser que notre randonnée se traduirait par une simple promenade, jolie, mais peu guerrière, à part les coups de canon qui ne nous effrayaient que modérément d'ailleurs.

Tout à coup, quatre ou cinq biplans ennemis s'approchent de nous. J'aperçois mon camarade de Nieuport aux prises avec l'un d'eux. Bientôt il descend en planant vers nos lignes, tandis que son adversaire s'en va du côté opposé en baissant à vue d'œil.

Je m'élance à l'attaque d'un des autres

Allemands, mais au moment où il me voit approcher il fait demi-tour. Pensant à ma mission, je l'abandonne pour revenir jouer mon rôle de chien de berger auprès du Farman, lorsqu'un Fokker que nous n'avions pas vu pique derrière nous, en exécutant la même manœuvre que celui du 31 mars, ce qui m'autorise à croire que c'était le même. Il déroule sur moi une bande de mitrailleuse. Courtel riposte, mais son arme s'enraye et avant qu'il ait eu le temps de la remettre en état, je reçois dans la jambe droite deux balles qui me brisent le tibia.

D'autres projectiles arrêtent mon moteur et coupent trois des quatre câbles qui maintiennent le plan gauche. Aussitôt mon avion se met à tourner à gauche désespérément comme un cheval de cirque.

Je souffrais le martyre. Ma pauvre jambe ballottait et je ne pouvais nullement l'employer pour diriger mon appareil. Elle était comme morte. Mais quelle douleur je ressentais !

Comment faire pour me sortir de cette espèce de vrille à plat qui commençait à devenir singulièrement redoutable ? Il n'y avait pas à hésiter. Un seul parti me restait.

Je me penchai pour attraper le palonnier avec la main gauche et le tirer à moi tandis que je maintenais mon manche à balai complètement à droite. Cette espèce d'acrobatie, qui semble plutôt appartenir au répertoire des contorsionnistes de music-hall, était rendue particulièrement pénible pour ma jambe qui ne pouvait me servir à rien, mais s'ingéniait à me rappeler dans quel triste état elle se trouvait.

Au bout de quelques secondes qui me parurent des siècles, car je commençais à être à bout de force et je craignais la syncope, je sentis mon avion qui se décidait à tourner et à se redresser. Je me mettais vite face à nos tranchées et... à Dieu vat !

Mon observateur, me voyant à moitié couché dans ma carlingue, se demandait ce que je pouvais bien faire.

Il m'interroge.

« J'ai la jambe cassée, mon pauvre vieux !

— Tiendras-tu jusqu'au bout ?

— Mais oui, ne t'en fais pas ! Nous ne laisserons pas notre peau chez les Boches ! »

Pendant ma descente en plané, je voyais, non sans une terrible inquiétude, mon plan gauche battre l'air. Je m'attendais à chaque instant à le voir céder brusquement. Enfin, je constatai que, malgré tout, mon altimètre baissait, que les tranchées approchaient. Un secret espoir grandissait en mon cœur. Je commençai à croire que je m'en tirerais pour cette fois.

Quant au Boche, je crois — car vous concevez que mes souvenirs soient un peu vagues, comme recouverts d'un voile — je crois qu'après être passé une fois tout près au-dessus de nous, il descendit chez lui sans s'inquiéter davantage de notre sort. C'était une chance providentielle. Par contre, en atteignant les lignes, sous le rideau de feu qui essayait de nous abattre, j'eus la mauvaise fortune de recevoir encore un éclat d'obus à la cuisse.

Nous voici près du front. Je voudrais bien descendre. La douleur devient intolérable, mais je n'aperçois pas le moindre terrain d'atterrissage. Nous sommes, en effet, au-dessus de la forêt de l'Argonne. Mais qu'importe même si nous nous tuons maintenant ! Ce ne sera plus en Bochie. Et je préfère me poser sur les arbres de France que sur un beau champ... là-bas ! Nous passons les tranchées à moins de 200 mètres, les tireurs

avec force cartouches s'entraînent à nous
descendre. Sans succès d'ailleurs ! Et, malgré
mes souffrances, je pousse un ouf ! de satisfaction et de délivrance en constatant que
nous n'avons plus qu'à chercher un endroit
propice pour nous recevoir.

Je ne sais si c'est cette quasi-sécurité ou
mes blessures qui en étaient cause, mais je
commençais à voir trouble, je ne me rendais
plus très bien compte. J'apercevais cependant
une petite vallée au milieu de la forêt. Elle
semblait m'appeler pour me faire les honneurs
de son emplacement. Après avoir rasé les
arbres d'inquiétante façon — pauvre observateur, que devait-il penser ! — je me
préparais à me poser lorsque des fils de fer
barbelés me firent faire un saut périlleux
impeccable : je capotai et m'évanouis !

On me transporta en hâte au poste de
secours. Puis ce furent les tortures du voyage
en automobile du Four-de-Paris à Sainte-
Menehould. Mais qu'importait : j'étais chez
nous et j'avais réussi à ramener mon passager
sans une égratignure.

La médaille militaire adoucissait mes premiers jours d'hôpital ! Hélas ! je ne pensais
pas être touché aussi gravement. J'espérais

aller me venger quelques semaines après.

Or, des mois interminables se sont écoulés.
Ma jambe est toujours dans le plâtre et je suis
immobilisé pour longtemps encore : que ce
Boche soit maudit! et mon seul espoir c'est
que mes camarades l'aient abattu !

Caporal GODFROY.

L'Échange

En voyant un « Albatros » atterrir sur mon terrain, ma première idée fut de lui courir sus; ma seconde, de héler quelques hommes pour me prêter main-forte. Mais il était midi! tous les mécaniciens étaient descendus déjeuner au village...

Je m'élançai, le revolver menaçant, en criant : « Rendez-vous ! ! Rendez-vous ! !... »

Alors, du fond de la nacelle, une voix calme répondit :

« Non! mais quand tu auras fini de faire tout ce bruit ! !... »

C'était le premier pilote de mon escadrille, le lieutenant de B..., avec son mécanicien !...

Pour une surprise, celle-ci était inattendue.

Parti deux heures avant sur un « Morane », de B... me ramenait un Albatros. Comment avait-il fait l'échange en route ?...

Je ne comprenais pas, et j'avais le mauvais goût d'en montrer de l'humeur.

« Voyons !... ton Morane ?... lui dis-je d'un ton sévère. Explique-moi ce que tu as fait de ton Morane !...

— Ah çà ! fit-il, j'espère que tu ne vas pas m'eng... parce que je viens de l'échapper belle !...

— Tu m'excuseras !... » (c'était son mot favori !...)

De plus en plus intrigué, je lui dis, mi-sérieux, mi-blagueur :

« Je parie que tu as atterri chez les Boches !!...

— Ni plus, ni moins, mon vieux !... Hein ! quel chic motif de citation : « Ayant dû atter-
« rir en territoire occupé, n'a pas hésité à
« s'emparer d'un avion ennemi, et a réussi à
« rentrer dans nos lignes. »

— Tu as fait ça ?...

— Comme je te le dis !... »

J'avais envie de lui sauter au cou ! Je pris ses deux mains, et les étreignis avec une émotion intense :

« Ça, c'est chic !... Mais raconte !... raconte !... »

Il se rengorgea pour jouir un instant de son petit effet ; puis ayant allumé une cigarette, il me fit le récit suivant :

« Je me trouvais au-dessus de N... et j'avais noté pour la deux cent soixante-dix-neuvième fois la fumée familière du train stoppé à la gare. Dix heures !... Aperçu un train sous pression dans la gare de N... Déjà je m'inquiétais de n'avoir pas reçu la demi-douzaine de salves d'artillerie coutumière... à peine un ou deux flocons blancs très haut et très loin !... je donnai une pensée de compassion au « Herr Crapouilloteur » de cette batterie, et déjà j'étais sur G... Rien sur les voies, rien sur les routes... Décidément le rapport de reconnaissance aérienne n° 279 va terriblement ressembler aux précédents. Allons ! Rentrons !

« Jusqu'ici tout allait bien !... Mais voilà que, au-dessus de P...-le-M..., là où « ils » ont un terrain d'atterrissage, tu sais !... des ratés de moteur commencent !... pas des ratés ordinaires..., des « passages à vide... », la vapeur d'eau aspirée au lieu d'essence, entraînant, au bout d'une minute et demie au plus, l'arrêt brusque du moteur... Tu me vois d'ici !...

« Après deux ou trois « bafouillages », panne sèche... Je n'avais plus un poil de sec !...

« Essayer de franchir en vol plané les 40 kilomètres qui me séparaient du front ?... Inutile d'y songer !... Alors, je fis brusquement demi-tour !... Puisque j'étais obligé d'atterrir chez les Boches, au moins en m'enfonçant le plus loin possible à l'intérieur, je pouvais avoir la chance de me poser dans une zone dépourvue de troupes, me terrer dans les bois, me cacher chez des paysans amis, et partant, échapper à cette terrible chose qu'est la condition du prisonnier de guerre !...

« Je t'ai déjà dit que P...-le-M... était au-dessous de moi !... Tout en descendant, je voyais de plus en plus nettement les tentes, les hangars, les voitures-automobiles, un appareil hors de son abri, et je m'étonnais de n'être pas canonné !... Est-ce que leurs aérodromes étaient moins bien gardés que les nôtres, par hasard !... La curiosité me poussant, je fis deux ou trois spires sur le terrain !... je n'étais déjà plus qu'à 1.000 mètres !... Bah ! pensai-je !... pris pour pris !... mieux vaut descendre chez des gens du métier.... Quelques minutes après, je roulais sur l'aérodrome ennemi, j'arrêtais mon appareil à 20 mètres des tentes boches !... J'étais résigné à faire mon petit Vercingétorix devant César !

« Mais César était absent. Déjà je me dressais dans une attitude héroïque, une boîte de « tisons » à la main... Personne !...

— « On se croirait dans le bled, » dit mon fidèle mécano, qui a la nostalgie de nos atterrissages au désert africain !...

« C'est trop fort !... Hé bien !... Messieurs les Boches, si vous ne daignez pas venir nous prendre, nous allons vous fausser compagnie.

« Tant pis ! j'étais décidé, après avoir brûlé le coucou, à me jeter à travers champs à la garde de Dieu.

— « Mais ! fit mon mécano, qui est un maître fouineur !... Il y a là un Albatros du modèle de celui que vous avez déjà piloté, il y a un mois, à R... »

J'observais l'avion. Il était, en effet, du modèle de l'Albatros P. S. 110, qui s'était égaré dans le brouillard quelques jours avant, avait atterri dans nos lignes, près de R..., et que de B... s'était donné le luxe de piloter pour s'amuser.

« Ah! le joli hasard! interrompis-je.

— La belle idée surtout! reprit-il.

« Fuir! et sur un coucou boche, et volé à leur barbe...

— « Vite! dis-je à Martin, vois s'il y a de l'essence!... »

« Juste à ce moment, deux vieux birbes à fusils débouchaient derrière les tentes et nous mettaient en joue. J'en abattis un d'un coup de revolver; l'autre leva les bras, je lui fis signe qu'il eût à nous aider à sortir le coucou. Il s'exécuta en courant, l'appareil fut prêt en quelques secondes. Ne voulant pas tuer encore ce pauvre bougre, je le jetai par terre, roulai sur lui une caisse d'outillage pour l'empêcher de nous trahir : nous sautâmes dans l'Albatros. Tu sais qu'il y a une mise en marche automatique. Par bonheur, elle fonctionna du premier coup! et nous nous enlevâmes.

« Il était temps!... Déjà les Boches, attirés

sans doute par mon coup de feu, arrivaient, et je percevais très bien à mes oreilles le sifflement caractéristique des balles!

« Trop tard!... Au revoir!... On se reverra!

« Mais en me retournant, j'avais vu à terre mon pauvre Morane, abandonné intact aux mains des barbares.

« Malédiction!... Les Huns allaient-ils s'enorgueillir de ce trophée?...

« Il y avait à bord des fusées incendiaires. Au risque d'être démoli, je fis demi-tour et à faible altitude je jetai tout le lot. Une fusillade terrible s'ensuivit et tu en vois les effets!... »

Il me montrait les lambeaux de toile qui pendaient aux ailerons.

« Mais j'eus l'amère satisfaction de voir s'élever un jet de flammes parmi des soldats bousculés...

« Maintenant, ajouta-t-il, si tu veux me permettre un conseil!... et d'un geste large il me montrait l'aérodrome où l'heure de la soupe avait fait le vide du champ de bataille...

— Oui! oui!... l'interrompis-je, je sais bien! nous ne prenons jamais assez de précautions. Mais, dès aujourd'hui, je vais donner des ordres. Il y aura toujours en per-

manence la moitié du personnel sur le
terrain.

— Avec un officier responsable.

— Et un officier qui connaisse l'art de
s'emparer des avions ennemis, à la barbe
des gens. Tiens, je te désigne d'office et dès
maintenant. »

Il me regarda d'un air effaré, où passait
toute l'ardente supplication d'un estomac
vide, et c'était si comique qu'avant de le laisser protester :

« Tu m'excuseras..., » lui dis-je en le contrefaisant.

Je le pris par le bras, et nous nous en
allâmes en riant.

Capitaine aviateur JOLAIN
(mort au champ d'honneur).

Seul contre six L. V. G.

Un jour, au cours d'une croisière, j'étais
attaqué par un Boche. Le duel s'engage,
mais dès la première balle, ma mitrailleuse
s'enraye. Que faire? Abandonner la lutte?
Ah! non, mon adversaire aurait cru que
j'avais peur. Alors je décide de rester.

Une sarabande fantastique commence : je
vire, cabre, pique autour de l'autre afin d'é-
viter ses balles. Je tente en même temps de
réparer mon arme. Je me sers de mes ongles
comme tournevis, tout en calant la direction
entre mes jambes. Et sous le feu incessant,
je continue mon travail d'armurier. Le plus

ennuyeux, c'est que je m'arrachais les ongles, que je me déchirais les mains et que je m'inondais de sang. Il fallait en même temps m'arranger de façon à conserver la situation la plus favorable pour le moment où mes cartouches accepteraient de défiler.

Ah! voilà! Ma mitrailleuse est remontée. J'appuie! Tonnerre, nouvel enrayage, nouveaux efforts, nouvel insuccès. Il y a des moments où vraiment la fatalité vous favorise bêtement. La fusillade continuait, naturellement. Le Boche ayant épuisé ses munitions et se demandant sans doute pourquoi je m'amusais à rester là, sans riposter, à moins de 15 mètres, finissait par virer, piquer et fuir. Je pouvais rentrer, l'honneur était sauf. L'adversaire avait pu constater qu'il ne nous faisait pas peur, même quand nous sommes désarmés.

En juillet 1915, au cours d'une croisière en pays ennemi, je rencontre plusieurs avions allemands. Seul, je n'ai qu'une ressource : essayer de leur en imposer. Je fonce sur eux comme si j'allais les pourfendre. Une cage dont on vient d'ouvrir la porte, une envolée d'oiseaux dans toutes les directions. C'est à cela que je songeais en les voyant fuir à toute allure. Au retour, j'avais une émotion : en passant à Binarville, j'étais pris à partie par les batteries spéciales. Je recevais un obus qui traversait une de mes ailes et qui, par bonheur, n'explosait qu'à 5o mètres au-dessus, lançant quelques éclats qui attirèrent mon attention. Ce n'est qu'après cette pluie de fonte que j'eus l'idée de regarder mon avion : les toiles des ailes flottaient et une nervure était coupée.

Deux mois plus tard, j'étais opposé à quatre Albatros. Ils montaient la garde au-dessus de leur territoire. Ils étaient à 1.6oo mètres, moi à 3.ooo. Je pique et m'élance contre le premier ; je tire en rouleau. Tout en descendant, le Boche riposte et une de ses balles atteint le fuselage à 3o centimètres de ma poitrine. Je voudrais me venger et continuer la poursuite, mais je me ferais abattre par le canon.

Je cabre et m'en prends au second. Échange de projectiles. Soudain, une rafale venant d'en haut m'encadre. C'est un Fokker arrivé à la rescousse qui, sitôt sa salve tirée, remonte et s'écarte. Il faut que j'en finisse avec l'un des ennemis. C'en est trop. Je tire une nouvelle bande contre l'Albatros, si près qu'à un moment la collision semble certaine.

Je suis déséquilibré, mon aile effleure celle du Boche. Je vire en hâte tout en remettant un rouleau et je me prépare à rentrer, le Boche cherchant à me suivre.

Chaque Albatros a deux mitrailleuses, le Fokker au-dessus attend anxieusement le moment où il pourra donner le coup de grâce. Poursuivi et encerclé par quatre appareils, avec le cinquième qui joue le rôle d'épée de Damoclès, je pique à plein moteur. De tous côtés, les balles passent en sifflant. Je me dirige vers les lignes. Je ne suis qu'à 1.400, lorsque j'atteins les tranchées. Là, je fais un brusque demi-tour pour faire face à l'assaillant. Je me sens fort maintenant : il me tuera peut-être, mais ne me fera pas descendre chez lui.

L'Albatros le plus proche est à 150 mètres. Je tire une salve contre lui et me prépare à reprendre l'offensive, mais mon moteur se met à « bafouiller », s'arrête et reprend. C'est la panne d'essence : quand l'appareil pique, le précieux liquide n'arrive plus au moteur. Quelques instants plus tôt, c'était la descente en terrain ennemi.

Je n'insistais plus et rentrais, non sans avoir été endommagé par les canons.

Le 23 octobre 1915, un Boche est signalé croisant au-dessus de nos tranchées. Vite, je prends mon vol. Dès que l'autre m'aperçoit, il retourne chez lui. Je décide alors de lui couper la retraite en passant par Varennes et le rejoins au-dessus de Montfaucon. Dix cartouches sur l'avant, face à moi. L'ennemi fait un à-gauche très léger, pour riposter avec sa mitrailleuse tirant sur l'arrière et les côtés : une cinquantaine de balles essayent en vain de m'abattre. Je réponds par une bande. Elle porte : il glisse aussitôt sur l'aile gauche et va s'écraser à plein moteur sur le bois de Septsarges.

Je le suivis jusqu'à 100 mètres du sol pour être sûr de ma victoire et pour tirer à nouveau s'il avait des velléités de se redresser!

Une autre fois, en rentrant d'une reconnaissance sur Stenay, avec le lieutenant Gaffarel, tué depuis dans un combat, nous sommes accueillis par un feu intense de batteries spéciales en passant au-dessus de l'aérodrome de Cunel. Deux obus éclatent à moins de 10 mètres de nous. Le premier, à droite : je tourne la tête! Immédiatement, détonation à gauche. Je crie à mon camarade : « Le zinc va s'écraser! » Et vite je pique vers

les lignes, toujours suivi par la canonnade.
Mais le moteur est essoufflé, deux cylindres
ne donnent plus. Gaffarel se retourne :

« Croyez-vous qu'on pourra rentrer ? me
demande-t-il, très calme.

— Tu parles, mon lieutenant ! »

Les tranchées sont franchies. Nouvelle
fusillade. La descente s'opère, mais attention
à l'atterrissage, car l'avion n'est pas plus
solide qu'un château de cartes, après ce dé-
luge. Tout se passe bien. J'examine le biplan :
une pipe d'aspiration d'un cylindre avait
éclaté, un fil de bougie était coupé, le longeron supérieur d'une aile était traversé
de part en part, une nervure du plan inférieur était déboîtée, les roues étaient criblées
d'éclats.

« Ce coup-là, je croyais qu'on était cho-
colat, » dis-je à mon passager qui, hélas ! peu
de temps après, l'était vraiment.

Le 28 novembre 1915, je rencontre un
avion sur Challerange, je le poursuis et engage le combat. Le Boche l'accepte et tire.
Sa bande finie, il vire à gauche et pique.
Je le prends par-dessus et par derrière et
j'ouvre le feu. Faible riposte ! Le duel se déroule à 1.500 mètres d'altitude, en territoire

ennemi. J'envoie soixante-dix cartouches. Plus de riposte du tout! L'Allemand au contraire abandonne, son passager étant sans doute tué, et, dans sa hâte, va capoter dans un champ. Je le suis jusqu'à 75 mètres du sol. Je vire au-dessus et lui décoche une dernière salve de cinquante balles. Rien, aucun mouvement, c'est le coup final.

Je cabrais ensuite et remontais, pour repasser les lignes à travers les obus ennemis.

Passons à l'offensive allemande contre Verdun. Elle se déclenche le 21 février 1916, dans la matinée. Tout à coup, j'aperçois dans nos lignes et pas bien haut, le bougre! un Boche se pavanant à 1.600 mètres, pas plus. Je pique dessus et lui envoie à bonne portée quarante-sept cartouches, mais il n'a pas froid aux yeux. Armé confortablement, il attend ma dernière bordée que je lui lance en revenant après avoir rechargé, et, au moment où je le frôle et vais l'abattre à bout portant, il riposte à toute vitesse.

C'était sûrement un as : il m'avait prouvé son sang-froid et là il me donnait une idée de sa précision. Son tir était parfait : moteur percé de part en part, ainsi que le réservoir, montants hachés, une balle dans le pare-brise minuscule, à quelques millimètres de ma figure.

Je ne pouvais insister et, désespéré, alors que je croyais avoir l'ennemi à ma merci, il fallait me résoudre à un plané savant pour rentrer sain et sauf sur n'importe quel terrain hospitalier. Vite, je demandais une équipe de secours pour changer le moteur, réparer les avaries, faire des stoppages de-ci, de-là. Mais le temps passé à ce travail était pour moi du temps perdu. L'après-midi, dix-huit avions ennemis défilaient au-dessus de moi, à 3.000 mètres, en mission de bombardement, comme pour me narguer. Je laisse à penser si j'enrageais.

Le 24, mon Bébé était remis en état. Je partais aussitôt, décidé à faire payer cher au premier que je rencontrerais, toutes mes aventures antérieures.

Voici que dans l'air pur du matin je découvre un Boche, deux Boches, six Boches, une escadrille ! Ce sont de nouveaux L. V. G. de chasse, blancs, rapides, redoutables et dont les pilotes sont choisis parmi l'élite.

Ils se suivent à quelque distance par groupes de deux ; je me précipite sur le duo de tête : une salve. L'un des L. V. G. coupe, pique, s'enfuit, l'hélice en croix. Il en tient ! Le second s'esquive avec prudence.

Aux deux suivants : ils attaquent en se concertant et, malgré tout mon répertoire acrobatique, malgré mon tir incessant, je vois mon appareil transformé en écumoire : le fuselage a sa toile arrachée, en loques, une aile est transpercée, mais il tient bon. Les deux Boches s'en vont, à bout de munitions sans doute. Encore deux qui déclareront qu'ils ont abattu un avion ennemi !

Puisque le moteur tourne encore et que les ailes tiennent, je décide de tenter une dernière fois ma chance contre le troisième groupe. Je pique sur le cinquième Boche, le rejoins et tire à bout portant.

Il s'y attendait et riposte avec ardeur. Le capot de mon avion est déchiqueté, l'hélice cassée, une balle enlève le protège-oreille de mon bonnet de cuir, tandis que le sixième L. V. G., arrivant à la rescousse, s'approche de flanc et m'envoie une bordée formidable. Le fuselage ne tient plus que pour la forme, les commandes de direction sont coupées.

Alors commence la descente effroyable, horrible, le cauchemar de ma vie. Je n'ai pas eu le temps de couper mon moteur qui tourne avec des secousses odieuses, l'hélice étant brisée. C'est la chute sur le nez, à plus de 200 kilomètres à l'heure. Depuis 2.000 mètres jusqu'à 1.000, je suis incapable de faire le moindre geste, tant la chose s'est passée rapidement. Puis je réussis à couper, j'arrête les gaz et l'essence, je me cramponne à mon levier que je manœuvre en tous sens : la profondeur obéit un peu, les ailerons sont sans effet. Le bolide ralentit sa chute, mais vrille toujours. Le sol se rapproche.

Voici une forêt. Est-elle en terre française ou ennemie? Je fais un dernier effort, car j'ai conservé toute ma présence d'esprit : je raisonne même. J'escompte une ou les deux jambes cassées, avec peut-être un bras, mais je ne peux croire que c'est la mort qui m'appelle et m'attend si près, toujours plus près.

Enfin, à 50 mètres des arbres, l'appareil semble se redresser légèrement, touche les arbres par le coin, pivote, s'écrase sur une aile. Comme un fou, je bondis des débris et me mets à courir de toute la force de mes jambes, qui ne sont nullement endommagées ainsi que je le redoutais.

Des artilleurs arrivent. Je me tâte. Pas

une blessure. Seule une éraflure au bord des
lèvres, c'est tout. Et je ris, je ris, criant sans
relâche : « Je ne suis pas mort, non, je ne
suis pas mort ! »

Peu à peu, je reprenais pied avec l'existence, constatais que j'étais en terre française, reconnaissais les uniformes. J'étais
heureux.

Et c'est ainsi que j'ai failli aller serrer la
main à la camarde !

Sous-lieutenant G.

Avec un Moribond

C'était le 17 janvier 1916. Revenu depuis peu des Dardanelles, j'avais pris place dans une escadrille du front Nord. J'avais été chargé d'une reconnaissance photographique. J'emmenais comme passager un jeune observateur, le lieutenant Momet.

Il s'agissait d'aller prendre des clichés des grandes voies ferrées. Au moment du départ, deux avions ennemis étaient signalés faisant du réglage d'artillerie du côté d'Ypres.

A 9 heures, je m'envolais. Un autre appareil prenait son vol avec nous. Il devait accomplir le même travail et nous devions nous protéger mutuellement. Mais mon moteur donnant mal, je montais difficilement et j'étais vite distancé par mon camarade.

Dès le passage des lignes que je franchissais à 2.400 mètres, j'étais complètement isolé. Il n'y avait pas à réfléchir. Le travail attendu était urgent, il fallait penser à notre devoir sans nous inquiéter de notre sécurité.

Près d'Ypres, à 800 mètres de moi environ, j'aperçois trois avions ennemis que je prends pour les régleurs annoncés au départ. Je ne m'en occupe pas et continue mon vol sans être inquiété par eux. Tout va bien !

Mais, près de Roulers, changement de tableau ! Je constate que le trio, tout en se tenant à grande distance, se place entre les lignes et moi afin de me barrer la route.

Pensant que mon biplan leur sera supérieur sous le rapport de la vitesse, car les avions allemands de réglage sont généralement lents, je ne me soucie pas outre mesure de cette menace et ne m'occupe que de ma mission.

Soudain l'un des adversaires se détache et se rapproche. Pour l'intimider, je vais à sa rencontre, me prépare à l'attaquer et me mets au-dessous de lui pour éviter la riposte. Malheureusement, la manœuvre est si rapide que mon observateur, gêné par son appareil photographique et livrant pour la première fois combat, n'a pas le temps de disposer sa mitrailleuse sur le support avant pour tirer en hauteur.

Constatant l'inanité de mes efforts, je me dégage en piquant et m'enfonce à toute allure à l'intérieur des lignes adverses. Les deux autres Boches rejoignent leur camarade et tous trois se mettent en paquet.

De très loin, c'est-à-dire de 250 à 300 mètres, ils ouvrent le feu. Ils sont de trois quarts et en échelon par rapport à moi.

Le lieutenant Momet riposte. L'un des assaillants abandonne aussitôt la lutte : a-t-il été touché ou bien sa mitrailleuse est-elle enrayée ? Je ne sais.

L'arme de mon observateur s'arrête après la vingtième cartouche. Il essaye de la réparer et, pour y parvenir, se met debout dans la carlingue.

Ne voyant pas venir de riposte, les ennemis s'enhardissent et se rapprochent tout en tirant sans arrêt et avec une entente parfaite. Les balles sifflent de tous côtés. Ils ne sont plus qu'à 150 mètres. Momet est en train de retirer le rouleau de la mitrailleuse, lorsque, au même moment, mon pare-brise, traversé par un projectile, vole en éclats, et mon compagnon s'effondre, la tête ensanglantée, sur mon épaule gauche.

Le sang coule à flots, j'en suis inondé. Les instruments de bord ruissellent. Et le tir continue contre ce bouclier humain qui m'empêche de suivre les manœuvres de l'ennemi. Je ne puis me diriger qu'avec peine.

Que faire ? La situation est au plus haut point tragique. Avec le bras gauche, je cherche à me dégager de l'étreinte du moribond. Le projectile lui a traversé le crâne ! Au prix de multiples difficultés, du bras droit je repousse dans le fond de la carlingue mon malheureux compagnon qui me serre avec force dans un suprême sursaut d'énergie.

Résumons.

Je me trouve à 40 kilomètres en territoire allemand, avec mon observateur dans le coma, un vent debout violent, aucune arme pour me défendre, un moteur ayant des ratés inquiétants, et deux avions ennemis me mitraillant sans répit avec d'autant plus d'acharnement qu'ils se sont rendu compte qu'ils n'ont nulle riposte à craindre.

Ils essayent de se placer sous mon appareil.

Ils sont à moins de 80 mètres. Quatre balles viennent frapper mon siège, un de mes haubans est coupé, les deux tubes tenant le gouvernail de profondeur sont sectionnés.

Une seule chance me reste, c'est de recourir à tout ce que je sais faire de mieux pour dérouter l'adversaire par mes manœuvres : j'exécute alors toute une série de virages brusques et de zigzags. Certes, les Boches sont gênés, déroutés, mais leur tir ne se ralentit pas, au contraire. Ce manège dure plus d'un quart d'heure.

Malgré tous mes efforts, je ne puis me dégager de cette poursuite macabre. Mes adversaires, assoiffés de sang, sont toujours là, cherchant à me précipiter dans l'abîme. Je me rapproche des lignes, mais en perdant beaucoup de hauteur. A 8 kilomètres de nos tranchées, je ne suis plus qu'à 500 mètres.

Vais-je être obligé de me poser en territoire ennemi ? Je le redoute. Une angoisse m'envahit à l'idée d'être capturé. Non, cela ne se peut pas. Mieux vaut la mort. Et je décide de lutter jusqu'au bout. Tant pis si les canons et la fusillade adverse réussissent là où les avions ont échoué. Je vais tenter la chance. La chance ! Puis-je l'invoquer après tout ce qui vient de m'arriver ? Puis-je encore avoir foi en elle ?

Peut-être ! A 3 kilomètres des lignes, petit, bien petit soupir de soulagement : les deux appareils boches font demi-tour, abandonnant la proie que j'étais pour eux plutôt que d'affronter le feu de nos troupes.

Enfin, seul !

Mais à la lutte aérienne va succéder l'attaque terrestre. Je tâche de reprendre un peu de hauteur. J'atteins 600 mètres. Les tranchées me paraissent énormes. Je reconnais celles où j'ai servi avant d'être aviateur. Cette vue m'insuffle une nouvelle dose d'énergie et je m'élance au milieu d'une rafale intense d'obus et de balles. Par miracle, je ne suis pas atteint.

Je suis maintenant « chez nous » ! Je regarde mon observateur qui ouvre faiblement les yeux. J'atterris dès que j'aperçois une ambulance. On retire la victime qui baigne dans une mare de sang. On l'emmène aussitôt à l'hôpital où on lui fait subir l'opération du trépan, mais on ne peut le sauver.

Le surlendemain, le lieutenant Momet rendait le dernier soupir.

Adjudant LEMAÎTRE.

Au Service de la France

———

Ce n'est pas une aventure personnelle que je conterai. Je voudrais parler du courage d'un de mes camarades de l'escadrille américaine, le sergent Balsley. Au début de la guerre, ce jeune homme avait une belle situation dans l'industrie en Amérique. Il était soutien de famille. Mais il aimait la France. Il l'aima d'autant plus le jour où elle fut lâchement attaquée. Vite, il décida d'aller combattre pour elle. Il résilia ses fonctions, n'écouta que son cœur et partit la défendre. Ils sont nombreux dans ce cas à l'escadrille américaine, l'une de celles qui ont abattu le plus grand nombre d'Allemands, mais l'exemple de Balsley est particulièrement remarquable lorsqu'on songe qu'il quitta tout, méprisa son avenir, celui des siens, pour réaliser son rêve !

Il commença à piloter un avion-canon, puis passa bientôt sur biplan de chasse. A la suite d'un apprentissage rapide, il allait prendre sa place au front. Il y était depuis un mois, avait déjà soutenu plusieurs combats, où il avait fait preuve d'un courage et d'une énergie rares, lorsqu'il fut victime de sa trop grande hardiesse.

Le 13 juin 1916, il était parti en reconnaissance offensive à cinq heures du matin, avec les regrettés héros Norman Prince et Kiffen Rockwell, qu'accompagnait le chef français de l'escadrille, le capitaine Thénault.

Soudain, le quadrille américain, si j'ose me permettre cette déplorable plaisanterie, apercevait un groupe de Boches et se hâtait vers lui. Il le rejoignait et fonçait parmi les avions qui, d'ailleurs, ne semblaient pas d'humeur à reculer. Chacun choisissait son ou ses adversaires et commençait la lutte.

Balsley se heurtait à un Aviatik qui se trouvait sur le flanc gauche. Il arrivait à une vingtaine de mètres par derrière. L'ennemi, trop occupé par la situation de ses camarades aux prises avec les assaillants, ne le voyait pas arriver. Le succès semblait certain.

Le jeune Américain, en position favorable, s'apprête à tirer. A la première balle, sa mitrailleuse s'enraye. Juste à ce moment, l'adversaire se retourne, aperçoit le Nieuport et ouvre le feu.

Balsley, ne pouvant se défendre, se dégage aussitôt et part en glissade sur l'aile ; il est sauvé. Non, il n'a plus à craindre cet Allemand ; mais quatre autres se précipitent et l'entourent. Il est à 12 kilomètres à l'intérieur des lignes, la situation semble critique. Il s'efforce de ne pas perdre de hauteur pour pouvoir se sauver sans être obligé d'atterrir en territoire ennemi. Il cabre pour échapper à l'encerclement ; mais les autres se groupent, se resserrent autour de lui, virent sans relâche.

Soudain, une balle explosive l'atteint à la cuisse, lui brise le fémur. Plus de quarante éclats s'incrustent dans la chair du malheureux.

Il est à 3.500 mètres ! Il s'évanouit sous l'influence de la douleur. Il tombe en vrille, ne revient à lui qu'à 1.000 mètres du sol. Il a l'impression d'avoir la jambe arrachée. Il la tâte pour voir si elle est encore là.

Dans un sursaut d'énergie, il reprend le contrôle de son avion. Il se rend compte de ce qui se passe. Et ce qui se passe est loin d'être rassurant. Derrière lui, un Boche est là qui ne l'a pas quitté et le mitraille sans répit. Balsley souffre le martyre, il est dans un état lamentable, un voile obscurcit sa vue. Au point d'interrogation qui se pose au sujet de la fin de son vol, s'ajoutent cette attaque atroce, cette grêle de balles qui essayent de l'abattre définitivement.

Il est obligé de songer à éviter l'attaque suprême : malgré sa blessure d'où le sang coule à flots, il doit recourir à nouveau aux finesses de son art pour échapper. Il fait un retournement sur l'aile et pique jusqu'à 200 mètres pour distancer son rival. Et c'est à cette hauteur qu'il repasse les lignes. A la mitrailleuse de l'avion succèdent les mitrailleuses de l'infanterie. Il franchit l'étendue de feu et de fonte et se pose en hâte sur un champ qu'il aperçoit entre les premières et les secondes tranchées. Les forces l'abandonnent complètement, maintenant qu'il est loin des Boches. Il capote à l'atterrissage.

Incapable de se mouvoir, il reste ainsi une heure et demie sous un bombardement terrible qui cherche à le pulvériser et ne l'atteint pas, par miracle.

Finalement, il est sauvé par quatre vaillants poilus qui n'hésitent pas à traverser et le transportent au poste de secours. Jusqu'alors, il était resté enfoncé sous les débris de son avion.

Dès qu'il commençait à parler, il prononçait ces paroles :

« Je suis tout de même content, les Boches n'ont pas eu mon appareil. Tout ce que je cherchais, c'était à le ramener en France. Mais comme je suis navré de l'enrayage de ma mitrailleuse; jamais, si elle avait fonctionné, mon adversaire n'aurait pu échapper. »

Le surlendemain, Chapman, venant lui rendre visite par la voie des airs pour lui apporter des oranges, livrait un combat en cours de route ; il était tué, sans doute par le capitaine Boelke.

Balsley, dont on redouta longtemps la mort, reçut la médaille militaire. Il restera sans doute estropié, mais il conserve sa belle humeur. Son amour pour la France ressemble à celui que certains éprouvent pour la femme qui les a fait souffrir : il l'aime davantage encore si c'est possible, et à chacun de ses camarades qui vont le voir il ne cesse de demander, en se traînant sur ses béquilles :

« Pourrai-je reprendre du service dans l'aviation ? »

Devant tant de gloire, il n'y a qu'à s'incliner. C'est pourquoi j'ai préféré vous narrer cette aventure plutôt que chercher dans un souvenir personnel un épisode qui ne présenterait certainement pas le même intérêt.

Sergent J...
de l'escadrille La Fayette.

A l'Attaque des Drachens

—

A 10 heures 3o, le 24 août 1916, le commandant m'annonce que nous partons à
midi 3o pour une expédition sur le front. A
l'heure dite, les trois appareils sont en ligne.
A midi 45, nous décollons. B... roule et s'arrête. Il y a foule autour de D... Nous faisons
deux tours qui nous portent à 900 mètres,
rien ne bouge. Tant pis, en route. Vent
d'ouest avec nuages bas à 1.000 mètres. Nous
sommes terriblement secoués.

A 2 heures 15, nous arrivons à C... Vingt
minutes plus tard, D... nous rejoint. Le bois
à l'orée duquel nous nous posons est truqué,

avec de vastes espaces vides pour éviter les conséquences d'un bombardement et cacher des hangars et des tentes abritant sept escadrilles de chasse. Tous les aigles sont là.

Nous sommes reçus par leur chef, le commandant B... et ses adjoints. Ils nous montrent sur la carte les lignes anciennes et nouvelles et on nous donne une carte où sont repérées du matin même les cinq « saucisses » boches qu'il s'agit d'abattre ou tout au moins de coller au sol pendant l'attaque de la position de Maurepas.

« Les Allemands, nous dit le commandant, ont des treuils permettant de descendre leurs drachens aussi vite qu'un Nieuport peut piquer. Alors nous avons eu l'idée de recourir à l'avion-canon. Cela sera très chaud, nous allons vous fournir une protection soignée : dix pilotes, dix as. A vous de vous garer des batteries terrestres.

« Départ à 4 heures 3o, rendez-vous à B... à 5 heures 15. Ordre : marcher très groupés, attaquer les saucisses du sud au nord et ensuite en redescendant s'il y a lieu.

« A partir de 6 heures on pourra les laisser remonter si elles ne sont pas cuites. Attendre à B... le capitaine F... qui donnera le signal en avant, si l'attaque se déclenche. Et maintenant, bonne chance. »

Je surveille le remplissage des réservoirs, le nettoyage des bougies, etc... Il ne s'agit pas de rester là-bas, car avec le vent du nord-ouest il ne faut pas compter planer loin. Une foule de chasseurs à pied, au repos à proximité, nous entoure. Ce sont des soldats d'un bataillon glorieux, il a la fourragère.

4 heures 30 ! Nous partons. D... monte mieux que nous. Néanmoins, nous nous tenons à 200 mètres l'un de l'autre en altitude et en distance. A 1.000 mètres, nous quittons le champ et voguons vers l'est.

Au-dessous de nous ce n'est bientôt que dépôts, gares, camps. Puis viennent des tranchées ; loin, des zigzags blancs en tous sens. Ce sont les anciennes secondes lignes. A cet endroit nous dépassons une rangée de nos saucisses qui sont à peine à 500 mètres plus bas que nous (et nous sommes à 2.000). Mon pilote en compte vingt-sept sur à peine 50 kilomètres de front. Notre artillerie a de bons yeux !

Un espace dénudé et tout criblé de trous, aussi aride, aussi sec qu'un banc de sable sur lequel aurait passé une averse de grêle, s'étend sous nos ailes. Tous les entonnoirs se touchent et se recoupent. L'un d'eux attire spécialement l'attention : blanc, immense, on y enfoncerait facilement l'église de ce qui fut Bray-sur-Somme. C'est une mine qui l'a creusé.

Sur le sol des milliers d'étincelles et de lueurs courent sans cesse, on dirait une poignée de sel jetée sur la surface rougie d'un fourneau. C'est la préparation d'artillerie qui commence. Et, en effet, une fumée de poussière et de verre pulvérisé s'élève des lignes. Elle est tellement intense que le vent l'entraîne à plus de 10 kilomètres vers l'est.

Sur 20 kilomètres, la terre fume comme si elle était en feu : elle y est en effet. Tout à coup, quatre explosions formidables nous secouent. Quatre gros nuages noirs s'arrondissent tout près de nous. Il est 5 heures 5, nous sommes à Biaches et les Boches nous saluent.

Nous virons et montons en spirales, car nous devons attendre ici le capitaine F... Une escadrille de Nieuport nous suit. D... accompagne toutes nos évolutions à 200 mètres. J'ai beau écarquiller les yeux, je ne vois pas une seule saucisse boche.

5 heures 14. L'avion de F..., que je reconnais à ses bandes tricolores, vient se placer à notre hauteur à droite et nous fait le signal : « En avant! »

Allons-y, mais où diable sont ces drachens? Tout à coup, je vois le pointeur de D... se lever et tirer. Je suis la direction de son obus lumineux et j'aperçois une grosse saucisse grise qui, à 400 mètres au plus du sol, descend, descend. Je trouve la distance un peu forte, nous sommes à 2.400 mètres et environ à 3.000 de distance, ce qui fait 4.000 de portée environ. Cependant je tire (hausse : 2.500 mètres). Mon coup est à peine court de 100 mètres et arrive éteint. Je tire encore : mon coup passe à droite à 50 mètres (le vent), un autre du pointeur de D... dépasse le but, un autre de moi est un peu court. Je monte sur mon siège pour voir : hélas ! même ainsi je ne peux plus mettre ma ligne de visée sur l'objectif! Ah! si j'avais la hausse latérale.

Je tire tout de même sur l'ennemi qui est au sol, mais le coup est trop long de 100 mètres. Tous les obus se voient admirablement et même dans l'atmosphère chargée de poussière ils laissent une traînée blanche.

Nous virons à gauche derrière Péronne et nous allons vers une autre saucisse signalée à Driancourt. Chemin faisant, j'en aperçois une à Bonvincourt. Trois obus : un trop loin arrive près, mais éteint; un à 100 mètres long; un plus près à hauteur, à gauche.

Les Nieuport nous accompagnent merveilleusement, mais les coups de 105 et de 130 des Boches aussi. Notre camarade, de front avec nous, tire tant qu'il peut. Son tir est, comme le mien, assez bon de loin, mais arrive éteint, et médiocre de près, car il ne peut plus viser.

Une autre saucisse à 250 ou 300 mètres d'altitude, celle-là entre Templeux et Driencourt. Je raisonne mon tir avec calme et je déclenche à peine au-dessus. Dedans ! Joie ! Non, hélas ! l'obus effleure le drachen à 5 mètres au plus en dessous et reparaît de l'autre côté. Un autre coup moins bon, d'autres tout près, puis plus de ligne de mire. Juste au moment où je suis le plus près et où, la saucisse étant à terre, la distance se lit à l'altimètre devenu télémètre ! J'enrage !

Voici la saucisse de Manancourt et une autre tout près vers Bouchavesnes. Elles sont au sol l'une et l'autre. A ce moment, la canonnade fait rage et les fusées incendiaires de l'ennemi montent à nous en gerbes. C'est par une protection spéciale de la Providence que nous échappons, car elles montent en sifflant jusqu'à 3.000 mètres et nous sommes à 1.850. Une gerbe nous entoure. Debout sur le strapontin, je tire vite, mais avec placidité, et je vois nos obus tout près du but.

Mon pilote fait de son mieux pour que les remous des explosions ne me vident pas par-dessus bord. A un moment, une forme noire passe devant nous en tourbillonnant de haut en bas. C'est un gros obus qui, parvenu au sommet de sa trajectoire, a culbuté. Il descend ainsi 500 mètres, puis éclate.

Nous retournons vers les lignes. Il est 6 heures 5. Le sol fume toujours sous le tir de barrage. J'aperçois cinq obus oubliés dans le fond de la carlingue. Je tourne vers mon compagnon ma main écarquillée. Il comprend et me ramène. Les saucisses n'ont pas bougé. Elles sont toujours à terre. Hausse 2.400 mètres, angle 35° : je tire et, en suivant mon coup, que vois-je ? Une escadrille de six ou sept avions jaune clair qui montent en spirales à 500 mètres au-dessous de nous. Des croix noires, ce sont des Boches !

Plus d'émotion, de la joie : on va s'expliquer ! Je vise l'un d'eux, le plus près, dont le fuselage acajou porte une croix rouge. Hausse 200 mètres, trois ou quatre longueurs d'avance. Mon coup passe devant et au-dessus à 10 mètres au plus. Un autre coup traverse le groupe, c'est le pointeur de D... qui tire, et j'appuie d'un tracer ultrasensible. Celui-ci est allé où Dieu a voulu, je n'ai pu le suivre, mais il était bien parti. Les Boches, d'un seul mouvement, se retournent et s'enfuient, comme leurs saucisses, vers le sol.

Nous allons vers nos lignes pour de bon cette fois. 6 heures 15, je n'ai plus que deux coups de canons lumineux. Je les tire sur une grosse batterie qui nous canarde. Les explosions de 105 et de 130 continuent autour de nous. Les lignes. Quatre éclatements jaune verdâtre, de la mélinite. Les nôtres nous saluent donc aussi ? C'est fini !

A côté de nous, le pilote d'un Nieuport nous fait des signaux amicaux. Derrière nous nos fidèles biplans, au-dessus l'escadrille des aigles, nous rentrons.

Tout à coup une fumée fantastique s'allonge derrière l'appareil de D... : le feu ? Je le crie à mon pilote qui, dans un retournement, nous place derrière notre camarade. Soulagement : la fumée sort des échappements, c'est le moteur qui graisse trop, mais dans quelle proportion !

Le panache qu'il laisse derrière lui a au moins 2 kilomètres. Le vent souffle debout, nous revenons lentement en baissant. A 1.500 mètres nous croisons à hauteur une saucisse bariolée comme un habit d'arlequin. L'observateur, un Anglais, nous fait un signe amical.

Atterrissage. Je suis fourbu. La position en équilibre sur le strapontin m'a brisé les jambes. Le capitaine F... nous félicite : jamais je n'avais vu l'ennemi fuir de la sorte. Nous remercions les camarades. On est inquiet du sort d'un des Nieuport d'escorte, pas rentré : nous apprenons par la suite que le caporal Danguenguer est tombé dans les lignes adverses.

Arrivée du colonel B... Il nous remercie et se déclare satisfait du résultat obtenu. Les nouvelles sont bonnes, l'attaque a réussi : Maurepas a été enlevé avec trois cents prisonniers. Par malheur, outre le Nieuport, deux autres appareils sont restés en Bochie. De plus, deux camarades sont blessés.

Nous avons la maîtrise de l'air, le fait est incontestable, mais ce n'est pas gratis.

Capitaine Norbert G...

L'Incendiaire des Drachens

L'adjudant Bloch s'est vu citer au communiqué pour ses exploits obtenus sur des drachens ennemis. Il n'est pas un tueur d'avions boches, c'est un incendiaire de saucisses. Nous allons rapporter la conversation au cours de laquelle il a bien voulu nous conter ses principaux exploits. Mais nous tenons à insister auparavant sur le côté tragique de ces attaques d'engins défendus par les canons, les avions, les chenilles éclairantes, sans oublier les ripostes de l'infanterie, les mitrailleuses, les fusils,

et la panne de moteur contre laquelle le
pilote ne pouvait rien tenter. Descendre un
avion est certes une prouesse remarquable,
mais on peut admettre en fait que triompher
d'une « saucisse » est encore plus difficile,
plus dangereux.

D'ailleurs le récit que nous allons donner
le prouvera au lecteur :

« Au moment où la mobilisation fut déci-
dée, j'étais en Amérique. Les bateaux français étant très rares, je dus attendre quelques semaines avant de pouvoir m'embar-
quer. J'arrivai au commencement d'octobre.
Ce fut d'ailleurs pour être menacé d'une
punition, les autorités compétentes ignorant
les difficultés de la traversée.

« J'avais le brevet de pilote civil, américain,
depuis 1909. Cette formalité n'était pas suffisante, puisqu'on voulut me verser dans l'infanterie. Grâce à de multiples démarches, je
parvins à me faire affecter au centre de
Pau. Mais l'école est fermée. Je fais une
demande pour partir au front. On me répond que je ne puis être envoyé au poste
qui me convient, « car pendant les hostilités,
on a décidé de ne pas former de pilotes » !
Finalement le centre de Pau est à nouveau

ouvert. J'y suis mécanicien. Et je reste un an à régler des appareils.

« Enfin en octobre 1915, on veut bien de moi comme aviateur et je pars à l'escadrille N 3, la glorieuse équipe des Cigognes, en même temps que Chainat. Je commence par effectuer des reconnaissances à longue portée. Au cours de l'une d'elles, le temps était si rigoureux que mon observateur, l'adjudant Hatin, rentrait avec la figure gelée. Le malheureux fut, depuis, tué dans un combat.

« Au bout de quelques mois, je suis jugé digne de passer sur monoplace. Là, les rondes de chasse commencent. Puis ce sont des combats, et je finis par me spécialiser dans l'attaque des drachens.

« J'obtiens ma première citation en juillet 1916 :

— « Toujours volontaire pour les missions les plus périlleuses, nombreux combats contre les avions ennemis, s'est particulièrement distingué dans l'attaque des drachens. Le 26 juin, parti pour attaquer un drachen, descend à 400 mètres et met en fuite trois avions ennemis. Le 29 juin, descend à 100 mètres, met le feu à des approvisionnements ennemis et crible de balles de mitrailleuse les soldats qui veulent éteindre l'incendie. Le 1ᵉʳ juillet, attaque successivement deux drachens à 200 mètres de hauteur, réussit à les enflammer malgré l'intervention de deux avions ennemis et des feux très nourris de mitrailleuses et de canons spéciaux. Rentre avec son appareil criblé de balles. »

« J'avoue que j'étais heureux de cette citation qui retraçait succinctement plusieurs actes assez émouvants. Je me permettrai de les rappeler en détails.

« Le 26 juin, j'étais parti à la recherche d'un drachen. Je descendais à 50 mètres au-dessus de l'endroit qui m'avait été indiqué, mais j'avais beau regarder, je n'apercevais pas la saucisse annoncée. Par contre, du terrain d'aviation voisin, trois avions s'empressaient de s'élever pour me poursuivre. Je n'hésitais pas, je tirais contre eux mes fusées et l'effroi que ce jet de flammes produisait suffisait à les mettre en fuite. Je rentrais sans être autrement incommodé.

« Trois jours plus tard, en allant à la chasse aux drachens, j'éprouvais une forte déconvenue. Je n'en trouvais aucun. Tous étaient

restés prudemment à terre. Chemin faisant,
j'arrive sur Péronne. Une canonnade des
plus violentes m'accueille. Une seule ressource me reste pour la faire cesser. Je fais
semblant d'avoir été touché. Je simule la
chute. Les batteries cessent de tirer. J'arrive
ainsi à 200 mètres du sol. Je suis à 10 kilomètres à l'intérieur des lignes ennemies.

« Soudain j'aperçois un bivouac. J'observe
les allées et venues des troupes. Je distingue
un immense magasin à fourrage. Je n'hé-
site pas. Je descends encore et, à 50 mètres,
je lance mes fusées. Aussitôt un incendie
fantastique se déclare. Sans se soucier de
moi, les soldats accourent en foule pour
éteindre le sinistre. C'est ce que j'attendais
et, à cet instant, c'est ma mitrailleuse qui
continue l'œuvre des fusées. Je tire parmi
cette multitude et déroule mes bandes en
toute tranquillité. Et je rentre sans incident,
malgré les canons, les fusils, les mitrailleuses, en volant à 100 mètres du sol. Mon
appareil était criblé, inutilisable, mais j'étais
sain et sauf.

« J'ai d'ailleurs constaté à maintes reprises
qu'à faible altitude on ne court pas plus de
dangers qu'à 3.000 ou 4.000 mètres, et c'est

pourquoi je n'ai jamais franchi les lignes à une hauteur supérieure à 3oo ou 4oo mètres.

« Le 1er juillet, c'était journée d'attaque. Mon camarade Guiguet, un as contre les saucisses, venait d'être grièvement blessé au cours d'une expédition. Je pars. J'attaque un premier drachen et réussis à l'abattre, malgré l'intervention de nombreux avions boches se précipitant à ma poursuite, les aérodromes ennemis étant proches. Je rentre sans être autrement gêné. Tout va bien. Je reprends d'autres fusées et je pars à la recherche d'un autre captif. J'en découvre un. Au moment de piquer pour déclencher mes dards de feu, un appareil allemand, qui m'a pris en chasse, s'interpose entre le drachen et moi. Il tire frénétiquement pour m'empêcher d'intervenir et me crible de balles. Je vire légèrement, riposte par une bande, tout en me tenant à la verticale à 4oo mètres du sol. L'avion est touché. Il pique, semble tomber pour s'écraser, mais je n'ai pas le temps de le suivre. L'essentiel est qu'il m'ait laissé la route libre. Je continue ma descente vers le drachen et j'ai la chance de l'incendier à son tour.

« Nouvelles attestations officielles quelques jours plus tard :

— « Pilote remarquable, ayant au plus haut point le sentiment du devoir. D'une bravoure à toute épreuve, s'est distingué au cours de combats, d'attaques de drachens les 26 et 29 juin, 1ᵉʳ et 3 juillet 1916, rentrant chaque fois avec son appareil criblé de balles. Le 3 juillet, chargé de détruire des drachens, a rempli sa mission après avoir reçu deux blessures graves. »

« Oui, ce jour-là, je ressentis certainement la plus forte émotion de ma vie.

« C'était à Gueudecourt. La saucisse que j'avais mission d'attaquer se trouvait à une altitude relativement élevée. Mais, dès qu'elle me vit arriver, elle se fit descendre très rapidement. Je lui livre une poursuite éperdue et la rejoins à 5oo mètres. Je me prépare à lui lancer mes fusées pour lui percer le flanc, lorsqu'une balle me traverse le pouce. A ce moment, j'avais la main sur le contact. Sous l'empire de la douleur, j'appuie dans un geste instinctif et, bien entendu, je manque le but.

« Le drachen continue sa descente. Je le suis de près. Je souffre terriblement, mais il faut me venger. Je me place de côté et à l'instant où je me prépare à l'attaquer pour la seconde fois, une nouvelle balle pénètre dans ma cuisse. Ah! je ne sens plus le mal, la fureur envahit tout mon être. J'en ai trop fait et surtout on m'en a trop fait pour que j'abandonne. J'insiste, il faut que je sois vainqueur. Je déroule toute une bande de balles incendiaires et j'ai la chance de voir l'objectif s'enflammer. Je puis maintenant songer à moi.

« La perte de sang provoque plusieurs évanouissements successifs. Mon appareil, qui évolue à 50 mètres du sol, est criblé de balles, et je réussis à rejoindre nos lignes par miracle, je ne sais encore comment. J'atterris derrière les tranchées anglaises, après avoir servi de cible à toutes les armes les plus diverses de l'ennemi.

« Vers le soir, on vient me chercher en automobile. J'essaye de résister. Je commence à dîner, mais la douleur a raison de mon énergie et je suis obligé de me faire évacuer vers un hôpital où je reste deux mois. La médaille militaire vient me récompenser.

« Je reprends ma place au front sur un appareil encore plus rapide que celui que je pilotais jusqu'alors.

« Le 30 septembre, je réussis à abattre en flammes ma quatrième saucisse. Je rentre une fois de plus, transformé en écumoire; mais inutile d'insister, c'est l'habitude.

« Le 1er octobre, je repars à la chasse. Selon la coutume, je me tiens très bas. Ce n'est pas sans quelques risques, car il fait une brume épaisse et je crains sans cesse de me heurter aux câbles de nos drachens à nous. Près de Bapaume, j'aperçois une saucisse qui se tient à 250 mètres. J'approche, bien entendu. Et en même temps, j'en compte quatre autres très près les unes des autres. Chacune est défendue par des canons, des chenilles enflammées, des avions. Le tout converge vers moi. C'est charmant. Il faut jouer la finesse, il faut bluffer comme au poker.

« Je me précipite vers la première, mais avant d'arriver à elle, j'effectue un léger virage et pique à toute allure sur la seconde qui, prise au dépourvu, tombe en flammes avant d'avoir pu essayer de riposter.

« Je rentre au terrain, après m'être frayé un passage à travers les projectiles de toutes

sortes. Je me pose, ne descends même pas
de mon avion et, tandis qu'on me met de nouvelles fusées, je prends en hâte un verre de
porto, puis je repars. J'arrive au même
emplacement. Plus rien! Prudemment les
quatre autres drachens se sont fait descendre.

« Je désire cependant ne pas m'être dérangé
pour rien. Je descends toujours de plus en
plus, je vogue au ras du sol à la recherche
des fugitifs. Soudain j'en aperçois un, étendu
bêtement sur la terre. Je me prépare à l'attaquer. Les Boches se rendent compte que
c'est fini pour lui. Aussi n'hésitent-ils pas à
me canonner d'importance au-dessus de lui
au risque de l'atteindre avec leurs projectiles. Peu leur importe de l'endommager
puisqu'ils pensent bien que j'en viendrai à
bout si je ne suis pas abattu auparavant. J'ai
cru que ma dernière heure venait de sonner.
Je pensais que j'étais perdu. Des éclats venaient atteindre mon moteur, deux câbles
étaient coupés, un longeron brisé, des haubans d'ailes sectionnés. Je réussissais cependant à incendier ma victime et à rentrer en
voguant à 20 mètres du sol seulement jusqu'aux tranchées. Celles-ci franchies je ne

sais comment, je parvenais à atterrir aussitôt après, encore dans les lignes anglaises. J'avais triomphé de toutes les attaques possibles qui s'étaient terminées par une poursuite audacieuse, mais vaine, d'avions ennemis.

« A la suite de ce vol, j'avais la joie de voir citer mon nom au communiqué, j'étais heureux.

« Et maintenant, je pars en Russie avec l'espoir d'y abattre un Zeppelin.

« Adjudant BLOCH. »

Un Boche chez les Sénégalais

Tout en appartenant à la défense du camp retranché de Paris, j'allais, les jours de beau temps, exécuter des croisières sur le front. Le 21 mai 1916, par un magnifique dimanche de soleil, je décidai d'aller taquiner le Boche, si possible.

Je partis à 6 heures 45 du matin et me dirigeai vers Soissons. Je passai les lignes à 4.500 mètres et pénétrai à 20 kilomètres à l'intérieur du territoire ennemi. Là, je fis demi-tour afin d'avoir le soleil dans le dos pour gêner l'adversaire en cas de combat et pour éviter toute surprise. Le soleil dans les yeux est en effet le plus cruel désavantage que puisse avoir un chasseur de l'air.

Je mis mon moteur au ralenti et, tel le pêcheur qui laisse glisser sa ligne au fil de l'onde, j'attendis l'occasion. A l'affût, je regardais de tous côtés au-dessus de moi et revenais vers nos tranchées.

J'observais ainsi depuis quelques instants, lorsque soudain j'aperçus un avion allemand s'élevant d'un aérodrome et prenant de l'altitude avant de venir chez nous. Je ne le quittai pas des yeux, mais le laissai gagner sur moi en vitesse et en montée pendant une dizaine de minutes.

L'espoir au cœur, je passai ce temps, qui me semblait interminable, à armer ma mitrailleuse, vérifier mon viseur, voir si tout fonctionnait à souhait. La veille, dans un combat où je tenais un avion ennemi à moins de 20 mètres, mon arme s'étant enrayée au second coup, je jugeais prudent de prendre toutes les précautions nécessaires. Et puis, ces opérations m'empêchaient aussi de me laisser envahir par l'enivrement qu'on éprouve instinctivement au moment où l'on espère abattre son premier avion.

Le Boche est maintenant à 3.000 mètres. Il

franchit nos lignes. Il est temps d'intervenir. Je pique vers lui à toute allure en zigzaguant pour éviter une riposte précise. Je suis aperçu lorsque je suis à 300 mètres de distance et à 50 mètres au-dessus. Je vois le mitrailleur dérouté par ma manœuvre et ne sachant s'il doit tirer avec la mitrailleuse de droite ou celle de gauche. Un flottement certain règne à bord. Les balles se perdent de-ci, de-là. Je continue à approcher.

Profitant de la vitesse acquise, emporté par l'élan, je remonte vers l'adversaire. Il me faut faire appel à toute ma volonté pour attendre le moment favorable de tirer.

A bout portant, à 10 mètres à peine, je commence à dérouler ma bande. Je n'ai que quarante-cinq cartouches, car j'en ai brûlé deux pour me rendre compte si mon arme fonctionnait bien. La décharge atteint l'ennemi en plein.

A la dixième balle, les Allemands cessent de riposter et piquent vers le sol à une vitesse vertigineuse. Craignant une feinte, je les poursuis dans une vrille peut-être un peu imprudente, me rapprochant de mes victimes au point de les dépasser, tout en essayant d'armer à nouveau, ce qui, pendant une semblable manœuvre, n'est pas très aisé.

A 100 mètres du sol, je me rétablis et j'éprouve la joie de voir mes adversaires s'écraser dans un bois de sapins près de Fontenay, à 1.200 mètres sur notre territoire, à la troisième ligne de nos tranchées.

A travers les trous d'obus et les retranchements, je cherche un petit terrain pour me poser. Je le trouve entre la troisième et la quatrième ligne. Je descends en hâte et me précipite vers ma proie.

Déjà les tirailleurs sénégalais entourent les débris. Le pilote a deux balles dans la tête et une au cœur. Le passager est pris sous le moteur. Un noir s'escrime en vains efforts pour l'attirer, au point de le couper en deux. Il crie :

« Ti sale cochon boche, ti veux pas vinir, ti viendras. »

Tous ces braves m'entourent et manifestent leur joie :

« Ti, lieutenant, ti bien visé, ti tué sales Boches, ti épatant ! »

Le commandant du groupe des batteries voisines vient me féliciter et m'embrasser : l'oiseau ennemi avait réglé le tir sur la batterie à 5 mètres de laquelle il s'était écrasé

et avait ainsi causé la mort d'un de nos lieutenants.

« Vous l'avez vengé, » répète l'officier très
ému.

Mais au même moment, une rafale de mar-
mites venait tomber autour des débris de
l'avion qui, émietté, ne pouvait être identifié.
Je ramassai en hâte quelques souvenirs,
tandis que les soldats mettaient à l'abri les
deux mitrailleuses, l'appareil photographique, deux cartes, le plan directeur, prises
assez importantes.

Le pilote portait la croix de fer et une autre
décoration avec deux glaives. Ce devait être
un vaillant.

Le lendemain, j'allais lancer un message
aérien annonçant à l'ennemi que les deux
Boches avaient été enterrés avec les honneurs
militaires, et notre communiqué déclarait :

« Un appareil ennemi, attaqué par l'un
des nôtres, s'est abattu, désemparé, dans nos
lignes à Fontenay. »

Sous-lieutenant RATY
(prisonnier).

La Collision tragique

Ma ronde s'achève; il est 18 heures 3o. Parti depuis 16 heures, j'ai eu sans cesse à lutter contre les remous violents d'un chaud après-midi de juin. L'air est calme maintenant, et, tous deux, mon pointeur Garraud et moi, nous nous abandonnons au charme de l'heure paisible. D'un côté, dans un halo fauve, et tout éclaboussé de l'or du couchant, Paris qu'enserre la Seine miroitante; de l'autre, muette et grave aux approches du soir, la vaste plaine allongeant ses ombres sur les prairies et sur les champs.

Déjà 18 heures 50. Il faut songer au retour. Je me dirige vers le champ que j'aperçois de loin, petit carré vert coupé d'un chemin clair et bordé de hangars.

Une surprise : venant d'en dessous, un Nieuport biplace surgit, à une vitesse de bolide, à 20 mètres à peine devant ma carlingue. Je vois de dos le pilote et de face le passager braquant sur moi sa mitrailleuse. Il a le sourire, il se dit certainement : « On les a. » D'en haut et de derrière, ils ont piqué sur nous, et, remontant à toute vitesse, ils nous ont tenu quelques secondes, à courte distance, sous le feu de leur mitrailleuse. Diable! si ç'avait été un boche! Sans doute, une fois passé devant nous, il se serait trouvé dans notre champ de tir, mais, avant même de l'avoir vu, mon canonnier, l'appareil ou moi, n'aurions-nous pas reçu notre compte?

Il faut l'avouer, nous avons été surpris, et, dans la meilleure case de ma mémoire, je range aussitôt cette petite expérience.

Cependant, le Nieuport commence un virage pour reprendre du champ et fondre à nouveau sur sa proie.

Ma foi! je me pique au jeu et je penche mon vieux Voisin le plus possible pour conserver l'adversaire dans le champ de mon canon et l'empêcher de me surprendre à nouveau par derrière. Oui, mais le Nieuport vire mieux. Deuxième et précieuse expérience. Le revoici à une centaine de mètres derrière moi. Ne bougeons plus, et jouons tranquillement encore notre rôle de cible. Après tout, ce n'est qu'un jeu, et une manœuvre à si courte distance pourrait provoquer une rencontre. Je m'efforce de maintenir mon appareil le plus droit possible en ligne de vol. Je sens l'autre arriver. Penché sur son canon, mon pointeur l'attend. Brusquement, le crépitement de son rotatif. Un craquement terrible. Dans un éclair, le Nieuport a tournoyé devant moi, et est venu se loger dans mon aile gauche où il est resté embouti.

Ceci s'est passé en quelques fractions de seconde, et mon appareil vibre encore du formidable choc, que déjà, incliné à gauche par le poids de l'autre, il s'est mis à tomber en vrille. Aussitôt, je coupe mon allumage, mon essence. Qui sait si le réservoir d'essence n'a pas été atteint et si les flammes ne vont pas jaillir? Heureusement, le Nieuport a fait comme moi.

Je tâte mes commandes. Rien ne répond plus. Le tournoiement continue.

Comment dire le flux de pensées et de sentiments qui en un instant m'a submergé ? Il semble que cette irruption tumultueuse d'idées et d'images abolit jusqu'à la notion superficielle du temps, et qu'elle fait vivre en intensité la durée de toute une vie.

La mort est là, la mort inévitable. Un atterrissage est impossible puisque les commandes ne répondent plus. C'est donc la chute, sur le terrain le plus hérissé d'obstacles de tout genre, le terrain de banlieue, avec ses maisons, ses arbres, ses murs. Nous allons arriver au sol de toute la vitesse de notre chute. Il me semble sentir déjà l'effroyable choc. Je n'aurai pas le temps de souffrir : je serai écrasé par mon moteur.

Ce terrible spectacle tant de fois vu jadis se présente à ma pensée, précis, brutal ; je vois les pauvres débris informes dans un enchevêtrement de bois, de cordes, de ferraille tordue, et toute ma chair se rétracte. Pourtant, c'est tout ce qui restera de moi dans quelques minutes, de moi maintenant encore plein de vie et de santé. Un sentiment de rage m'étreint le cœur. Si au moins je tombais dans un combat, face à l'ennemi, j'aurais la suprême consolation du devoir accompli ! Mais non, je paye de ma vie une imprudence, un jeu inutile. On lira seulement demain, dans les journaux : « Double accident mortel au Bourget. » Je vois au camp les camarades s'annonçant la nouvelle, je vois les miens, je vois surtout, là-bas, de l'autre côté des tranchées, la maison familiale, et dans le décor intime et cher qui renaît soudain devant mes yeux, une femme dont la pensée inquiète me suit peut-être à cette heure même, et qui s'efforce de dompter son angoisse : ma mère !

Cruelles pensées ! avec une inexprimable rapidité elles m'obsèdent, partent, plus vite reviennent, et leur troupe sombre grossit sans cesse autour de moi, comme, autour d'un voyageur solitaire, une bande de loups !

Mon altimètre descend. 1.000 mètres. Toujours la vrille nous emporte dans un puissant tourbillon. Le paysage, dès que mon regard se pose sur lui, me semble soulevé par une danse de rêve, montant, descendant, et tournant, tournant sans cesse, mêlant dans sa ronde folle, au bleu du ciel, les îlots gris des maisons, des carrés verts et fauves des prairies et des champs. Pour éviter d'être gagné

par le vertige, je me renfonce dans ma carlingue, et je fixe obstinément mon altimètre.
A 700 mètres, la chute se fait tout à coup
brutale ; l'appareil tombe comme une pierre
de 200 mètres environ et mon pointeur Garraud manque d'être vidé par-dessus bord.

Le Nieuport s'est logé légèrement de biais
dans mon aile gauche, en sorte que je vois,
de ma place, le pilote, Maraval, et son mitrailleur Mentz. Penchés l'un sur l'autre, ils
semblent se parler. Je les vois aussi qui
tentent de secouer leurs commandes d'ailerons. Près de moi, Garraud, ramassé sur
lui-même, a relevé son canon pour éviter, en
arrivant au sol, d'avoir les jambes broyées.
Il est absorbé dans ses pensées. A qui envoie-
t-il le suprême adieu? Quelle poignante détresse sort de ce petit groupe emporté dans
le tourbillon de mort, plus isolé, plus perdu
dans l'immensité du ciel que quatre nau-
fragés cramponnés, en plein océan, à la quille
d'un canot !

Et, le bruit des moteurs ayant cessé, rien
ne s'entend plus que le sifflement de l'air à
travers les cordes, dans la paix tiède d'un
beau soir de juin, entre Paris enveloppé
d'un halo fauve, éclaboussé d'or par les flè-

ches du couchant, et, vers le nord, la vaste plaine où s'allongent les ombres graves.

3oo mètres ! 2oo mètres ! C'est la fin. S'habituerait-on à la pensée de la mort? J'éprouve comme un soulagement en présence du dénouement suprême. Je me cramponne aux montants de la cabane et je ferme les yeux.

Un craquement. Un choc. Une seconde d'inconscience. Est-ce la mort? Je rouvre les yeux. A ma droite, un mur blanc; à ma gauche, la cime d'un arbre. Doucement, craintivement, je remue mes membres ! Rien ! Vivant ! Une immense joie m'inonde.

Devant moi Garraud se dresse tout debout, une flamme de bonheur dans les yeux. Sauvés ! Et les autres ? Broyés sans doute?

Dans les débris que nous n'osons regarder, là, par terre?

Un homme arrive en courant, haletant, en sueur. Je vois encore l'ahurissement peint sur sa figure en nous trouvant intacts. Dix, vingt, cinquante personnes, bientôt une foule compacte s'amasse en dessous de nous. Nous demandons une échelle pour quitter notre perchoir. On ne nous comprend pas et on nous répond par des bravos. Tant pis ! Nous nous suspendons à la carlingue et nous nous laissons tomber sur les figurants.

Où sont les corps de nos pauvres camarades? Faut-il en croire nos yeux? Les voici tous deux, Maraval et Mentz, vivants, sans une égratignure.

La foule nous porte, nous presse. On nous acclame; on nous donne des fleurs. Décidément, ça finit mieux que ça n'a commencé. Et nous nous embrassons avec émotion.

Du camp l'on nous a vus tomber et les secours affluent : brancards, voitures d'ambulance, médecins, infirmiers.

En nous trouvant sains et saufs, les arrivants passent de la consternation à l'ahurissement. Félicitations, poignées de main, questions interminables. Mais à quoi bon raconter tout cela? Un bonheur intense — le bonheur de renaître — nous étreint. Et les peuples heureux n'ont pas d'histoire.

Sergent WIBAUX.

Sur Mannheim, la nuit[1]

———

Nous sommes partis de notre champ d'aviation, Baron[2] et moi, dans l'intention d'aller bombarder la ville de Mannheim.

. . . .

La nuit s'est faite complètement. Dès lors, nous apercevons Bâle, en Suisse, dont la lumière rougit le ciel, puis plus près de nous,

1. Extrait du *Crapouillot*, journal du front.
2. L'adjudant Baron, notre plus remarquable bombardier de nuit, fut tué en plein jour lors du bombardement des usines Mauser, à Oberndorf, le 12 octobre 1916. Ses randonnées nocturnes notamment sur Rothveil, Mannheim, Ludwigshafen resteront légendaires. A lui seul, il faisait plus de travail qu'une escadrille entière.

Mulhouse. De l'autre côté du Rhin, Fribourg-en-Brisgau et, juste sous nos pieds, Colmar. Dans la ville, on a dû entendre le bruit du moteur, car nous voyons les becs de gaz s'éteindre les uns après les autres. Je me retourne vers Baron :

« Dis donc, ils nous ont entendus, ils ont le trac ! »

A mesure que nous apercevons une ville et que nous passons au-dessus, les lumières s'éteignent immédiatement. On dirait que le vent produit par notre hélice suffît à éteindre toutes les petites lumières du sol.

Nous suivons toujours les méandres du Rhin. Celui-ci doit nous servir de guide pour arriver où nous voulons. Son cours nous apparaît dans la nuit comme une ligne ennemie d'un gris argenté.

De temps en temps, je me repère sur la carte à l'aide d'une petite lampe électrique dont je cache la lumière avec les mains pour qu'elle ne nous fasse pas distinguer.

Nous arrivons au-dessus de Strasbourg, Baron me crie : « Regarde, c'est magnifique ! »

Il est neuf heures et quart à ma montre et, de la hauteur où nous sommes (800 mètres), nous nous rendons très bien compte de la disposition des rues et des places, toutes très éclairées ainsi que le pont qui relie Kehl à Strasbourg. On sent dans la ville une animation, une vie intenses. Mais, brusquement, tout un quartier est plongé dans l'obscurité. Il était éclairé à l'électricité, il a suffi d'appuyer sur le levier, l'alerte est donnée. C'est le tour d'un autre quartier, puis d'un troisième, pendant que les faubourgs éclairés encore au gaz s'éteignent bec par bec. C'est un spectacle vraiment curieux.

Mais non, braves Alsaciens, vous n'avez pas besoin d'avoir peur; les bombes que nous transportons ne sont pas pour vous. Elles sont destinées à une ville « allemande » et, à moins d'un accident que rien ne fait prévoir (le moteur donne toujours bien), elles tomberont sur le but qui leur est assigné.

Déjà Strasbourg a disparu à l'horizon et s'est évanoui dans l'obscurité provoquée par l'alerte. Nous volons toujours à 8oo mètres. De loin en loin, quelques lumières apparaissent qui s'éteignent presque aussitôt. Les autorités boches ont dû téléphoner de Strasbourg. Nous laissons Landau à notre gauche et apercevons droit devant nous une grande

lueur qui éclaire le ciel. C'est Carlsruhe.
Nous sommes vite au-dessus de la ville, dont
nous faisons deux fois le tour en guise de
salut. Nous avons le temps d'apercevoir les
voies et artères principales très bien éclairées — surtout une place, en demi-cercle,
devant le palais de Primat.

Je regarde ma montre, il est 10 heures.
Puis, brusquement, comme à Strasbourg,
tout s'éteint et des projecteurs commencent
à fouiller l'obscurité. Ce n'est pas le moment
de rester ici, d'ailleurs nous avons autre chose
à faire. Un virage et nous reprenons notre
route marquée par le cours du Rhin.

Repérons-nous... J'allume ma lampe et
regarde ma carte. Où sommes-nous? Ah bien,
ça va! Cette ville, là-bas, c'est Spire, et je
montre les lumières à Baron qui me crie :

« Nous serons dans une vingtaine de minutes à Ludwigshafen. »

Nous touchons au but, le moteur tourne régulièrement à huit cent cinquante tours et
l'appareil, délesté d'une partie de son essence,
« gaze » à une allure de record. Nous apercevons dans le lointain le ciel rouge sombre
qui indique une grande ville, bien éclairée.
Bon présage — pourvu qu'ils ne s'éteignent

pas, ça nous sera plus facile pour trouver notre objectif. Je ne quitte pas la ville des yeux; elle se rapproche et grandit, toute éclairée.

Nous prenons de la hauteur : à 1.5oo mètres, Baron coupe l'allumage et c'est en un vol plané silencieux que nous arrivons sur la ville. Baron me dit :

« Nous descendrons le plus bas possible, tant pis s'ils nous repèrent, mais nous, de cette façon, nous taperons juste.

— All right! »

Nous descendons ainsi, sans bruit, jusqu'à 3oo mètres. Aucun habitant ne se doute qu'en ce moment un avion ennemi survole la ville. Nous sommes maintenant à la hauteur du sommet de la tour Eiffel; nous distinguons les personnes se promenant dans les rues, marchant sur les trottoirs, traversant la chaussée. Dans une rue large, un tramway électrique, éclairé lui aussi, parcourt sa route habituelle, s'arrête à un carrefour, le temps de laisser descendre quelqu'un, puis repart. Je me figure le wattman boche appuyant sur un timbre pour faire écarter les passants.

Puis maintenant, je tourne la tête d'un autre côté. Cherchons l'objectif!

Baron l'a aperçu. Il me le montre du doigt.
Une grande usine dont le toit en verre paraît
illuminé, car on y travaille même de nuit à
la fabrication des gaz asphyxiants.

Nous piquons dessus; comme d'habitude,
je retire mes gants et saisis la poignée du
lance-bombe, puis je me penche sur le viseur
et attends, tout en faisant signe à Baron...
à droite, à gauche... là tout droit... je tire
fortement à moi la poignée et lâche trois 155
d'un seul coup, puis je me penche en dehors
de la « carlingue » pour voir les résultats
obtenus... Les obus sont tombés en plein
centre de l'usine. Une explosion formidable
arrive jusqu'à nous, tandis qu'une flamme
jaillit par le toit de verre qui a dû être complètement détruit; le déplacement d'air nous
fait faire un bond d'environ 5o mètres en
hauteur.

A ce moment, Baron remet l'allumage et
d'un seul élan nous remontons à 5oo mètres,
nous nous maintenons à cette hauteur et
tournons autour de l'usine pour voir ce qui
va se passer. Déjà on voit sortir de partout
des petites lumières qui courent à droite et à
gauche, comme affolées. Les Boches n'ont
rien dû comprendre à ce qui vient de leur

arriver — à tel point qu'ils oublient complètement de faire l'obscurité dans la ville.

Lorsque nous nous sommes rendu compte
que l'usine est bien « amochée », nous continuons notre chemin et, après avoir fait un
virage au-dessus du Neckar, nous allons traverser le Rhin et nous dirigeons sur Mannheim. Là non plus, ils n'ont pas pensé à
éteindre, et facilement nous repérons notre
notre nouvel objectif, les hangars à dirigeables. Coupant à nouveau l'allumage, nous
nous dirigeons en vol plané sur le premier
hangar... C'est lui qui va recevoir nos dra-
gées. Pourvu qu'il y ait un zeppelin dedans !

Je vise, je lâche mes trois derniers obus
qui tombent et traversent le toit du hangar à
dirigeable : j'entends une terrible explosion.

« Je crois que nous avons fait du beau
travail ! me crie Baron[1]. Maintenant, il faut

1. C'est par les journaux neutres que nous apprîmes l'entière
réussite de notre expédition : « *Les Nouvelles de Maestricht* reçoi-
vent les renseignements suivants sur le raid qui a été exécuté
dans la nuit du 23 au 24 septembre 1916 par l'adjudant Baron
et le caporal Danziger sur Mannheim : Nous pouvons assurer,
sans être démenti, que des bombes sont tombées sur un des
principaux hangars où fut anéanti un zeppelin de 130 mètres,
à huit moteurs, avec un nombreux matériel de rechange en aluminium. Il ne reste du dirigeable que la carcasse, émiettée,

rentrer, et sans perdre de temps ; nous n'avons pas trop d'essence ! »

Baron remet l'allumage, mais, brusquement, le moteur s'arrête, puis reprend. Nous l'avons échappé belle. Je me retourne.

« Qu'est-ce qu'il y a?

— Ce n'est rien. En voulant regarder l'altimètre, j'ai accroché la manette des gaz avec ma manche et l'ai fermée à fond. Heureusement j'ai pu me rendre compte de ce qui m'arrivait, sans quoi, tu vois, un atterrissage dans la ville qu'on vient de bombarder, ç'aurait été joli ! »

Nous cherchons le Rhin pour le suivre au retour comme nous l'avons suivi à l'aller — mais un brouillard opaque s'est levé, nous n'y voyons plus rien.

Je crie à Baron : « Attention au carburo ! »

L'eau du brouillard entrant dans le carburateur, c'est la panne à brève échéance.

inutilisable. En outre, le réservoir à gaz d'une usine, touché lui aussi, fit explosion. La voie ferrée de Mannheim à Niederheim a beaucoup souffert : rails, excentriques, croisements sont détruits sur une grande distance. L'attaque eut lieu pendant un moment de cessation du travail. On a néanmoins relevé sur l'aérodrome et aux environs vingt-six cadavres et quarante-trois blessés. Pour cacher les dégâts et éviter autant que possible que la nouvelle ne s'ébruite, *la ville de Mannheim a été fermée.* »

Baron ne répond pas, mais fait monter l'appareil et met « toute la sauce » pour sortir plus vite de ce nuage humide.

Nous arrivons enfin à déboucher dans un ciel plus clair. Ouf ! c'est désagréable ce noir opaque et humide ! Je suis glacé, je n'ai plus qu'une idée : rentrer en France pour boire quelque chose de chaud. Oh ! quelque chose de chaud ! du thé, ou du bouillon, quel délice ! Enfin dans deux heures, deux heures et demie, nous serons rentrés, si tout va bien, et je pourrai me réchauffer !

Et plus je suis glacé, plus j'ai froid, plus je suis impatient d'arriver, surtout que le paysage n'a rien de gai, au-dessous de nous ; à perte de vue, la brume s'étend. Il ne fait pas beau en Allemagne cette nuit-ci

Nous devons être au-dessus de Carlsruhe, mais rien ne nous l'indique ; pas une lumière... Tout à coup nous sommes environnés — oh ! de très loin — de shrapnells qui éclatent comme des feux d'artifice rouges dans la nuit noire. C'est très joli ; les Boches tirent au jugé... Nous continuons notre chemin et perdons bientôt de vue les shrapnells qui éclatent toujours et nous paraissent de plus en plus petits.

Nous volons maintenant dans l'obscurité la plus profonde. Où sommes-nous?... ni Baron ni moi n'en savons rien; j'ai essayé de me repérer sur ma carte — peine perdue...

Nous nous dirigeons à la boussole et aux étoiles qui nous apparaissent brillant d'un vif éclat au-dessus de notre tête. Voilà une heure que nous volons au petit bonheur, nous nous dirigeons « plein sud ».

« Dans une demi-heure, je mettrai le cap « plein ouest », nous serons probablement à la hauteur de la France, » me crie Baron.

Nous continuons notre route en silence. Je n'essaye plus de voir où nous sommes, la brume épaisse cache toujours la terre à notre vue.

Je suis de plus en plus glacé, mes jambes et mes bras sont raides de froid... Quand arriverons-nous? et pourvu que nous arrivions !

Enfin une lueur qui perce le brouillard !

« Une ville ! — laquelle? »

Je crie : « Strasbourg ! » (Nous avons su depuis que c'était Metz).

Au loin, quelques éclatements... les lignes — les tranchées — enfin !

« Prenons plein ouest, maintenant, » dis-je à Baron.

Il se contente de faire oui de la tête et, après un virage, nous nous dirigeons vers la France, vers l'atterrissage, vers le bouillon chaud !

Tout à coup, Baron, qui paraissait assez inquiet depuis quelques instants, me crie :

« Mon vieux, plus d'essence ! Il nous reste juste de quoi chercher un terrain pour atterrir ; nous allons certainement nous casser la figure, mais il n'y a rien d'autre à faire. Es-tu prêt ?

— Vas-y, je suis prêt. D'ailleurs « faut pas s'en faire », on verra bien. »

Nous descendons. J'assure mon casque, je remonte mes lunettes sur mon casque, je défais ma ceinture, et, me retournant, je vois Bâron qui en fait autant. Il cabre l'appareil et celui-ci, en perte de vitesse, tangue d'une aile sur l'autre, puis brusquement, sans que nous sachions pourquoi, au lieu de tomber à plat, le « coucou » pique du nez et vient s'écraser sur le sol ; j'entends l'avion qui craque et se brise, puis je suis projeté violemment en avant... j'ai perdu connaissance ; une douleur atroce au bras et à la jambe gauche me fait revenir à moi — un liquide chaud coule le long de la figure et je ne peux pas faire un mouvement pour changer de place.

...Je reprends connaissance : « Où est Baron? et surtout, sommes-nous en France? » L'idée d'être tombés en Allemagne me cause une sueur froide[1]!

. . . .

Bombardier DANZIGER.

1. Fort heureusement Danziger n'était pas dangereusement blessé. Baron, parti chercher du secours, revenait deux heures après. L'avion avait atterri en terre française, à 4 kilomètres de Bar-le-Duc.

Comment j'ai bombardé Essen

Comment j'ai bombardé Essen?... Oh, c'est bien simple. Je vais vous donner les feuilles de mon carnet de bord, vous y trouverez mes impressions notées brièvement au cours du voyage.

Deux appareils ont rempli la même mission le même jour : l'un piloté par le capitaine de Beauchamp, l'autre par moi.

Laissez-moi ne pas vous parler de nos préparatifs, ni de nos aménagements de bord, ce sont des secrets d'ordre militaire...

La distance parcourue, quoique grande, environ 800 kilomètres, n'était pas pour m'effrayer, j'ai un entraînement intensif de sept années, et je me suis toujours spécialisé dans les raids de grande distance :

Coupe Pommery 1912, 860 kilomètres ;

Paris-Berlin 1913, 1.050 kilomètres ;

Paris, Vienne, Buda-Pest, Bucarest, Varna, Constantinople, Konia, Adana, et la Syrie, 5.000 kilomètres.

Ne croyez pas qu'après ces raids celui-ci me sembla simple... Non, car il y a le canon et les avions boches... Eh bien, ils ne nous ont pas empêchés de faire ce que nous voulions, et nous sommes partis en plein jour, à 11 heures du matin.

A présent, suivez mes notes ; elles sont brèves, mais complètes, et je n'ai eu que ce travail pour me distraire pendant les sept heures qu'a duré le vol.

*
* *

11 heures... Mon camarade prend l'air, je le suis à deux minutes.

1.000 mètres... 2.000... 3.000... nous continuons à monter.

Le temps est clair avec quelques nuages vers 3.000 mètres, il fait très froid...

A chaque instant, je croise des avions amis qui partent au feu ou qui en reviennent.

Nous voici à bonne hauteur, nous nous rapprochons l'un de l'autre...

A 5o mètres nous échangeons des signaux et piquons droit sur les lignes.

Ah! elles ne sont pas difficiles à trouver. Voici la zone jaunâtre, sans végétation, où la terre a été bouleversée des milliers de fois, ensevelissant les vivants, déterrant les morts...

Des lignes brisées courent de tous côtés : ce sont les tranchées, les boyaux... Toute la zone est marquée d'innombrables trous d'obus qu'on remarque très nettement... Une fumée épaisse indique un combat d'artillerie, cependant je n'entends rien, le moteur marche à merveille et il fait un tel tapage...

12 heures... Me voici sur les lignes allemandes, nous sommes sûrement signalés...

Les canons boches font un barrage en avant, mais un peu haut...

Les flocons blancs des 77 forment une ligne qui nous barre la route...

Les coups se multiplient... au moins trois cents coups en quelques minutes...

J'entre plusieurs fois dans la fumée des

éclatements, et j'entends siffler des éclats qui passent tout près...

Tiens... l'artilleur boche rectifie son tir... trop bas à présent...

J'en profite pour monter, je passe...

Maintenant, on a tiré sur ma gauche... Éclatements noirs du 105... c'est plus sérieux. Les coups se rapprochent... j'oblique à gauche insensiblement... puis brusquement, je fais 90 degrés, en piquant de 100 mètres... c'est fini, j'ai déjoué les artilleurs.

Rageurs, ils tirent au hasard... Les coups maintenant éclatent derrière moi, je suis hors d'affaire...

Et mon compagnon?

Je ne le vois plus... A-t-il été touché?... a-t-il changé sa route?...

Sous moi un gros appareil jaune... des croix noires... C'est un Boche... un deuxième suit tout près...

Le plus rapproché est à 200 mètres, mais ils vont moins vite tous deux... Clac... clac... clac... Tiens... tiens... M. Boche me mitraille?... De courtes rafales crépitent à mes oreilles... mon adversaire ne tire pas mal...

Vais-je entamer le combat?... C'est bien

tentant... J'ai, moi aussi, un joujou qui ne demande qu'à marcher.

Mais non, Essen est mon seul but... et je n'ai pas le droit de compromettre le raid...

J'accélère mon moteur à fond... et je m'éloigne rapidement de mes agresseurs.

Voici la Moselle. A mes pieds, Thionville... à gauche, Luxembourg.

Déjà 100 kilomètres sont parcourus... ça va vite, très vite...

En bas, des bois partout. La rivière, en de nombreux méandres, s'encaisse dans son étroite vallée...

Je passe sur Trèves dans le fond...

... Que vois-je sur ma droite?... Un appareil qui semble se rapprocher de moi...

Le soleil me gêne pour bien voir, mais il me semble bien reconnaître la silhouette de mon compagnon de route...

Plus de doute, c'est bien lui, voici sa cocarde : bleu, blanc, rouge... Grande joie... On est si seul, là-haut...

A présent, nous faisons route ensemble, quelques milliers de mètres seulement nous séparent.

Au sol, les villes défilent rapidement... partout des usines, des trains...

J'essaye de voir l'importance des convois, je note leur direction et l'heure de leur passage sur un point repéré...

Ça n'est pas commode, les nuages se rapprochent, et par endroits il est difficile de suivre le terrain...

Je change mon angle de route, et marche plein nord, laissant Coblentz sur ma droite...

Loin devant moi, un large ruban gris, le Rhin... Quel beau fleuve !... Ma confiance grandit, je sens que tout ira bien...

Je passe sur la rive droite... En bas, de nombreux trains de bateaux remontent vers Coblentz.

Si je n'avais pas mes bombes à jeter, je descendrais les mitrailler à bout portant.

Voici Bonn, mon camarade est toujours sur ma droite, mon moteur ronfle à merveille... 200 kilomètres parcourus...

Calcul rapide, nous marchons à 204 kilomètres à l'heure... Allons, tout va bien...

Le froid est très vif... 16 au-dessous... Je remue bras et jambes pour faire circuler le sang, quelques gouttes d'alcool de menthe me réchauffent l'estomac et rafraîchissent ma bouche...

Toujours des bateaux sur le Rhin... Une

énorme ville... Voyons ma carte... c'est Cologne... Quelle belle cible !... Oui, mais les femmes, les enfants... Non, non, non, je suis soldat, et non pirate, et je dois seulement détruire les établissements militaires.

D'ailleurs, il me semble voir des avions quittant le sol...

Trop tard, collègues !... Je file vers Dusseldorf. La région est toute enfumée, que d'usines !...

C'est bien la région d'où sortent tous les outils de mort dont se servent nos ennemis... Solingen... Ebberied... Barmen... Remscheid... toute cette région est sillonnée d'innombrables lignes de chemins de fer.

Une activité énorme s'y devine... J'approche du but...

Mon cœur bat plus vite... Pourvu que mon moteur ne s'arrête pas... Non, son ronflement sonore, régulier, m'arrive à travers les oreillères de mon casque.

Au loin, à gauche, j'aperçois Duisbourg... La rivière qui se jette là, dans le Rhin, c'est la Ruhr.

Je la remonte... Après Mulheim, un grand coude, puis au nord une forêt de cheminées qui crachent une fumée noire couvrant toute la région.

... Essen... enfin s'étend à mes pieds... Où sont les usines Krupp?... Ah! à l'ouest de la ville... Dieu! que c'est grand!...

D'innombrables bâtiments entre lesquels circulent des trains... Quelle fournaise!... quel joli but!... Je m'attends à être canonné, je cherche les éclatements... rien ou trop bas. Quelques violents remous, dont je ne m'explique pas la cause, troublent mes préparatifs de bombardement...

... 2 heures... l'axe des usines passe dans mon viseur...

... Je déclenche mes torpilles les unes après les autres...

Mon camarade est au-dessus de moi et un peu à droite... Il doit être en train de tirer aussi.

... Fini... tout est parti... je devine l'affolement des Boches.

En bas, des nuages de fumée s'élèvent çà et là... Presque au centre, il me semble y voir une explosion formidable suivie d'un incendie...

Quelle joie! Le but est atteint, Krupp est puni : en dépit de ses avions, de ses canons, nous l'avons nargué en plein jour...

Les Boches, dans une rage folle, doivent tenter de nous poursuivre. Qu'importe ? la mission est remplie : à présent, nous pouvons combattre.

J'essaye de me rapprocher du capitaine, mais il file plus vite que moi. Et soudain je le perds de vue... il a disparu dans un nuage.

Je descends, je remonte : rien, impossible de le retrouver.

... Pourvu qu'il n'ait pas la panne ou qu'un mauvais éclat ne l'ait pas atteint.

Je reviens survoler Dusseldorf, mais beaucoup moins vite qu'en allant ; le vent me contrarie...

Je vérifie la quantité d'essence qui me reste... Tout va bien, je puis marcher cinq heures encore.

Les nuages se resserrent de plus en plus, et une brume épaisse obscurcit les trous. Il faut marcher uniquement à la boussole S.-S.-O... J'ai le soleil devant moi, c'est extrêmement fatigant.

Je m'abrite les yeux avec la main, mais le froid m'engourdit les doigts dès que je sors de la zone de protection de mon pare-brise

Voici plus de quatre heures que je voyage...
Où suis-je?...

... Quelle est ma vitesse?... Impossible de rien savoir.

Le temps me semble long... Tiens... des explosions... c'est bien pour moi.

Je fais une volte complète pour dérouter les artilleurs et j'aperçois... trois beaux avions boches à 5oo ou 6oo mètres plus bas.

Ils vont aussi vite que moi, mais dès qu'ils veulent monter, ils perdent du terrain.

Je ralentis ma marche, et... piquant sur le plus avancé, je lui lance à 15o mètres trois rafales de mitrailleuse...

Surpris, il se dérobe et fuit vers la gauche... Les autres me prennent derrière, c'est le moment de filer.

Ai-je touché mon adversaire?... Je ne crois pas, car il s'est rétabli et vole assez bas...

Les deux autres ne sont plus que des points noirs... La poursuite a duré trente minutes.

J'ai attrapé un bon torticolis à force de me retourner.

... Six heures de vol... c'est long... Mes yeux me font horriblement souffrir, le froid aussi... Je survole certainement la Belgique, mais où? Tant pis. Il faut que je sache.

... Moteur arrêté, je descends... Comme ce calme est délicieux, après six heures de tapage... 1.200 mètres... c'est assez bas.

Région tourmentée, des collines, des bois, je ne reconnais rien...

Tiens... voici des tranchées... des ouvrages... Oui, mais c'est bien calme, je ne suis pas encore arrivé...

Cependant, je ne suis pas loin du front, car le canon recommence à me poursuivre de ses coups.

Je remonte dans mes nuages, on y est mieux...

... 6 heures 3o... Je n'y tiens plus, tant pis, je descends...

... 2.000... 1.5oo... 8oo... pas de canonnade. En bas, des bivouacs... Suis-je en France?...

Je marche encore quinze minutes au sud... Voici un immense champ, très éloigné d'un village.

J'atterris. Si je suis chez les Boches, je repartirai à leur barbe... Mon moteur tourne lentement... Je suis à l'extrémité du champ, prêt à m'envoler en cas d'alerte...

... Minutes d'attente... Voici des gens... ce sont des paysans... Les mains en porte-voix, je hurle : « Où suis-je?...

— A Champaubert..., » me répondent-ils.

O joie... je suis en France... je suis arrivé, j'ai réussi...

. . . .

Je saute de mon avion, mais mes jambes engourdies refusent de me porter. Maintenant, les paysans accourent de toutes parts et m'entourent, très intrigués.

Quelques minutes de repos, et je cours au téléphone, avertir mes chefs... J'apprends en même temps que mon camarade a atterri sain et sauf à 100 kilomètres d'ici... Ma joie est complète...

A bientôt, Monsieur Krupp, le plaisir de vous revoir...

*
* *

Ici s'arrêtent mes notes, et je n'ai rien à y ajouter en ce qui me concerne...

Mais comment dépeindre mon admiration pour mon compagnon qui, beaucoup moins robuste que moi, dut déployer une farouche énergie, pour tenir jusqu'au bout...

Vous savez comment est tombé mon malheureux ami.

Ç'était à notre dernière attaque au nord-est

de Verdun. Nos intrépides poilus venaient de faire le bond qui les porta au delà de Douaumont... Là-haut, un avion de liaison croisait sur eux.

Tout à coup, quatre avions ennemis surgirent, fonçant plein moteur sur le Farman isolé... Il était perdu... Non, pas encore... Un aigle tomba du ciel, au milieu des vautours...

C'est de Beauchamp... Les Boches lâchent leur proie et font feu sur leur valeureux adversaire...

Les mitrailleuses crépitent. Un Boche pique dans ses lignes, il a du plomb dans l'aile...

Victoire... Les avions boches se dérobent, ils sont battus.

Mais que fait de Beauchamp?... Il ne poursuit pas l'ennemi?... Ça n'est pas là sa manière d'agir...

Hélas !... triste destinée... Beauchamp le valeureux, Beauchamp sans peur et sans reproche, est touché...

En plein combat, une balle enraye sa mitrailleuse, une autre le frappe en plein front... Et, dans un dernier sursaut de cette énergie surhumaine qu'il savait déployer, il piqua...

blessé à mort, vers nos lignes en un plané impeccable.

A 100 mètres du sol, on vit l'appareil se mettre vent debout, puis atterrir...

Entre Fleury et Vaux, au milieu de trous d'obus, on retrouva, à quelques mètres de l'appareil, le corps de notre malheureux ami...

Il est tombé là où, pendant de longs mois, il a combattu à notre tête, nous entraînant toujours plus loin... nous montrant sans cesse le plus bel exemple du devoir et du sacrifice pour sa Patrie...

Gloire à mon chef, gloire à mon ami ! Son souvenir sera, parmi ceux qui l'ont connu, l'image frappante de l'héroïsme le plus pur. Il nous entraînera tous vers la victoire...

Capitaine P.-H. L COURT.

Le Bombardement de Francfort

—

Lorsque le glorieux capitaine de Beauchamp fut tué, tout le monde regretta la mort de ce héros admirable entre tous et beaucoup .urent qu'il ne pourrait jamais être rem .acé. Il avait pourtant laissé un élève de .leur, un pilote de son escadrille, l'adjuda.. Jean Baumont. Celui-ci prouva qu'il était capable de prendre la succession de son chef vénéré en allant bombarder Francfort, effectuant ainsi un raid de 6oo kilomètres en territoire ennemi.

Ce n'était pas un coup d'essai de la part de cet aviateur. Il avait déjà gagné la médaille militaire et trois palmes et, pour donner une idée de sa valeur, nous nous contenterons de reproduire le texte d'une des citations que lui accorda le général Nivelle, alors commandant la 2ᵉ armée, celle de Verdun :

« Baumont, Jean, adjudant-pilote à l'escadrille N° 23 : pilote d'un dévouement, d'une conscience professionnelle et d'un courage au-dessus de tout éloge. Pendant les longs mois des opérations autour de Verdun, a assuré presque toutes les missions photographiques demandées à son escadrille, allant survoler les objectifs lointains assignés à ces missions, malgré les barrages des avions allemands auxquels il avait chaque fois à livrer combat pour s'ouvrir le passage.

« Au cours de la préparation de l'attaque du 24 octobre, a fait des sorties quotidiennes et particulièrement dures, en raison de l'activité de l'aviation allemande et des circonstances atmosphériques défavorables, et a rapporté des renseignements précieux pour le commandement. Le 21 octobre, a livré quatre combats aux avions ennemis et, le 23, en a forcé un à prendre la fuite. Se montre aussi modeste qu'il est brave. »

Le motif de sa médaille militaire, décernée

auparavant, complétera l'idée qu'on peut se faire de ce vaillant :

« Pilote remarquable. N'a cessé, depuis le début de la campagne, de donner les plus belles preuves d'énergie et de sang-froid. Au cours de plus de quatre-vingt-dix croisières ou reconnaissances, a livré plus de cinquante combats dont un particulièrement acharné contre trois avions ennemis qui l'ont suivi et mitraillé pendant tout le parcours de sa reconnaissance, sans réussir à le faire dévier en quoi que ce soit de son itinéraire. Déjà cité à l'ordre. »

Le héros est, je crois, suffisamment présenté par ces témoignages d'admiration officielle. Le lecteur sait à qui il a affaire. Nous avons demandé à Jean Baumont le récit de son raid sur Francfort. Il l'a fait avec sa modestie habituelle, sans insister sur les résultats de son attaque. Mais nous pouvons dire qu'il provoqua de terribles dégâts dans la cité allemande et que l'ennemi lui-même avoua quelques-uns de ces ravages. Ce demi-aveu prouve l'importance du bombardement !

*
* *

« Le moteur a tourné au point fixe ; je

monte dans mon appareil à cinq heures cinq. Poignées de main... Essence, contact, décalez les roues... Deux minutes après, je décolle. Il fait encore nuit. On commence seulement à deviner, à l'orient, les premières lueurs de l'aurore.

« Je monte vite à 2.000 mètres et prends la direction est-nord-est, vers l'inconnu ! A 5 ou 6 kilomètres des lignes, premiers coups de canon. Plus j'avance, plus le soleil s'élève à l'horizon. Au sol, la vue est magnifique. Des milliers de cheminées d'usines, les hauts fourneaux lancent des torrents de fumée et de flammes. La terre ne semble qu'une colossale entreprise métallurgique. Vraiment le choix n'est pas difficile pour laisser tomber des bombes.

« Mais je n'avance guère. Un violent vent debout retarde ma marche et réduit de moitié ma vitesse normale. J'aperçois ou devine plutôt, à cause de leurs lumières, d'un côté Metz et de l'autre, très loin, Luxembourg et ensuite Trèves.

« La visibilité est merveilleuse. Le soleil est tout à fait levé et tout s'illumine. Seules les vallées se remplissent de brume et cachent villes et villages, tandis que les crêtes m'indiquent le chemin.

« Enfin, de loin, je commence à apercevoir le Rhin ou plutôt sa brume. Le Rhin ! objet de nos désirs, de nos luttes, quelle joie de le survoler ! Et, tandis que mes cocardes s'y reflètent, je pense au jour prochain où nos chevaux s'y abreuveront une fois encore.

« Attention ! les coups de canon ne vont pas tarder !

« En effet, en arrivant à la hauteur de Kreuznach, je suis reconnu et les batteries manifestent leur joie ou leur colère un peu bruyamment. Pal mal tiré d'ailleurs. Jusqu'au point extrême de ma mission, je vais être accompagné de la sorte, soit pendant 6o kilomètres encore. Mais le tir devient de moins en moins bon, quoique plus nourri. Les artilleurs sont tout excusés, car sur le Rhin la brume commence à être dense et forme même des nuages.

« Voici Mayence et, derrière, Wiesbaden. La ville se détache très bien au sol et, d'en bas, les habitants reconnaîtraient sûrement ma nationalité, même si je n'étais pas crapouillé.

« Sur un grand terrain, à l'ouest de la ville, se trouvent des hangars. Je vois des gens courir, ouvrir les portes. Ce doit être un terrain d'aviation. Tout à l'heure, je vais avoir quelques appareils à mes trousses et j'ai encore 3o kilomètres avant le but !

« Mais, soit qu'ils ne fussent pas prêts, soit qu'ils ne m'aient pas retrouvé, à aucun moment je ne fus inquiété par les avions ennemis.

« Voici Hoechst et Francfort et, plus loin, Offenbach. La ville, but de mon voyage, est complètement cachée, car la fumée de ses nombreuses usines, mélangée à la brume, forme un véritable nuage.

« J'ai peine à situer la gare principale : j'établis mon point par les directions et croisements probables des routes donnant sur la ville et je tire mes bombes. Je ne puis voir mes points de chute. Je lance des proclamations, et maintenant il s'agit de rentrer.

« La canonnade s'est arrêtée. Je n'aurai plus à m'en inquiéter. Jusqu'à mon passage des lignes, aucun obus ne sera plus tiré sur moi. Le paysage défile maintenant très rapidement, quoique — c'est bien ma chance ! — le vent ait faibli et ne me pousse pas aussi vite qu'il m'avait retardé.

« Je survole Metz, toujours à la même altitude. Pas d'avions à l'horizon. Je peux passer sans risques. De la terre remuée... les tranchées... Ouf! j'ai gagné!

« Après un long détour, je rentre à mon port d'atterrissage et je me pose, juste cinq heures après mon départ. Mes camarades commençaient à s'inquiéter. Mon mécanicien s'informe tout de suite de la bonne marche de l'avion et du moteur qu'il avait préparés avec tant de soin et de dévouement.

« Tout a bien marché. Le moteur n'a eu aucune faiblesse et ne demande qu'à continuer, malgré ses quatre-vingts heures additionnées de marche. J'apprends aussi que la veille j'ai été nommé sous-lieutenant. Double joie! Vraiment, aujourd'hui, je suis comblé.

« Oui, mais... regret! Au lieu de partir seul, comme j'aurais désiré accompagner et suivre mon ancien chef, le capitaine de Beauchamp qui, par ses conseils et son exemple, m'avait ouvert la route et permis de mener à bien mon expédition!

« Sous-lieutenant Jean BAUMONT. »

Un Réglage d'Artillerie

mouvementé

Quatre jours qu'elle arrosait Montdidier, cette sacrée batterie boche ; quatre jours que ses gros obus de 13o assassinaient les vieilles femmes trop lentes à filer sous l'averse d'acier, estropiaient les insouciants et héroïques gavroches, que les dangers des plus durs bombardements ne peuvent arracher à la séduction de la rue, crevaient les toits et défonçaient les façades des pauvres maisons martyres. Et depuis quatre jours aux rondes du soir, avec le brouillard d'ouate épaisse, ou les nuées basses impénétrables à l'œil, impossible de la repérer. Hier soir enfin, un coup de vent s'est fait notre allié, et pendant quelques minutes a déchiré le voile sous lequel elle menait son œuvre d'enfer. Ce bref entr'acte nous a suffi pour découvrir les lueurs dénonciatrices crachées par les sales gueules de sès pièces. Nous les avons maintenant, nous les tenons. Les voici exactement pointées sur notre plan directeur, marquées pour l'impitoyable exécution : 8 kilomètres en arrière de la première ligne allemande, à l'entrée d'un bois, ou plutôt de ce qu'il en reste, au nœud de trois pistes qui convergent vers elle. Notre œil joyeux fouille déjà le point sur la carte, démasque déjà sous leur maquillage et leur voûte de feuilles les pièces boches enfoncées en terre.

Deux heures. C'est le moment fixé pour aller museler les malfaisantes braillardes. Un dernier regard au coucou. L'oiseau se porte comme un charme. Le moteur ronfle et vrombit comme un million de toupies. Il faudrait que le vieux diable allemand s'en mêle pour que nous ayons la guigne de la panne. Les obus? Bast! En avant. Nous roulons, plaquons le sol et grimpons au plafond.

Un peu bas le plafond, par exemple, avec ce lourd velum de nuages suspendu à 1.500 mètres. A Dieu vat! on s'en arrangera. Marius de Marseille prenait, dit-on, ses repas dans une salle si basse, qu'il ne pouvait y manger que des soles. Nous ne volerons qu'à 1.500 mètres. Voilà tout.

Le petit tour réglementaire au-dessus de la batterie française de 120 qui va se charger de l'affaire, le bref dialogue entre notre sans-fil et le jeu des panneaux blancs de nos artilleurs, le traditionnel signal « Prêt » envoyé du sol, et nous filons chez les Boches. Pour un début dans le réglage de tir, mon camarade et moi, nous sommes servis comme des rois. Remous à nous retourner comme une crêpe. Roulis, tangage : pour un jour où il y a de la mer, c'est vraiment un jour où il y a de la mer. Arrivée en fanfare chez les Fritz, dont les pièces antiaériennes nous soignent aux petits oignons.

En un clin d'œil, autour de nous le ciel se peuple des petits flocons gris des 77 et des gros flocons jaunes des 105. Que de fleurs! que de fleurs! Nous volons dans un parterre de boules de neige. Dommage que le ciel soit en grisaille. Quel effet sur un fond bleu! Jusqu'ici ça pète à distance; nous volons presque au large. Pour l'instant du moins, et c'est le principal. Malgré les coups de gueule rageurs, nous approchons pour clore le bec à leur satanée batterie. Quelques centaines de mètres encore et nous pourrons par T. S. F. envoyer aux nôtres le signal : Feu. Oui, mais subitement les choses se gâtent. Une batterie de 77 vient de rectifier dangereusement le tir dont elle nous régalait et nous voici encadrés comme un portrait de maître.

C'est l'instant de jouer serré et de sortir du cadre. Une exhortation mentale à mon brave Caudron d'être bien sage, et nous glissons sur l'aile gentiment. Nous glissons, mais trop tard. Une giclée d'acier fait de mon aile droite une écumoire. Le coucou a tout pris pour lui. Vernis, pour cette fois, l'observateur et moi n'avons par chance rien encaissé et nous voilà sortis du bouquet de fleurs.

Les antiaériens boches se remettent à bafouiller pour nous encercler à nouveau ; mais avant qu'ils nous repincent, nous avons le temps d'envoyer à nos 120 le signal de la fête. Vingt-cinq secondes après, leurs coups arrivent, un peu longs et de 200 mètres à gauche.

Un demi-tour sur un geste de mon observateur et par sans-fil nous en prévenons notre artillerie. Trente secondes, et les coups se font plus courts, un peu trop longs encore, à 100 mètres seulement à gauche. Il n'y a pas à se plaindre, le réglage marche bien, Dieu merci! Car gris et jaunes voici les flocons qui se rapprochent, les indiscrets, dès que, pour continuer le travail, nous survolons de nouveau la position boche. Un obus de 77 pète à 50 mètres de nous. Rien pour nous, rien pour l'appareil. Ah! bien oui, la guigne, la pâle guigne. Un des éclats a coupé net notre antenne de sans-fil. Tout le réglage arrêté, tout notre beau travail saboté. Mais nous nous sommes juré d'avoir la pièce boche. Nous l'aurons.

Nous rentrons à tire-d'aile. Un camarade complaisant nous prête son oiseau et dix minutes plus tard nous revoici chez l'ennemi, à l'ouvrage. Les coups de nos pièces se font maintenant de plus en plus précis et le cercle français se resserre implacable autour de la batterie allemande. Mais autour de nous aussi, le cercle allemand se rétrécit terriblement.

Varier la hauteur? nous sommes, hélas! li-

mités par les nuages bas. Quelle jolie cible
le coucou doit offrir d'en bas, piqué sur leur
fond sombre, comme un papillon sur un car-
ton. Abrutis par un tintamarre infernal,
nous voletons dans une pluie d'acier. Nous
aurons de la veine si nous en sortons. Mais
notre sans-fil se porte bien et babille à merveille. Nous n'en demandons pas davantage
et mon observateur se retourne à chaque instant vers moi avec un tel air de jubilation
sur la figure, qu'il ne m'est pas difficile de
deviner que les Boches au-dessous de nous
sont dans leurs petits souliers.

Je jubile de concert, quand soudain, parmi
les explosions des shrapnells, un choc nous
secoue, brutal, nous fait danser comme une
feuille morte, éveille tout au long de l'appareil des vibrations formidables. Pas de doute,
nous en tenons. Une de nos hélices vient
en effet d'être brisée comme verre. A la
même seconde mon camarade lève la main,
essaye de se retourner vers moi, glisse dans
la carlingue. Lui aussi, il en tient, le pauvre.
Je me penche. Il est affalé, à demi évanoui,
la joue pâle, les yeux clos, les lèvres entr'ou-
vertes, et sa main monte et descend lentement, douloureusement sur sa jambe et sur

sa cuisse. Sa combinaison déchirée se rougit de sang. Blessure grave? Que sais-je? Et l'angoisse me prend à la gorge devant ce bon camarade, vingt-cinq ans, tout jeune marié, gai comme un pinson et brave comme un chevalier. Encore une fois il faut lâcher la pièce boche et rentrer rapidement.

Rapidement! Je ne marche plus qu'avec un seul moteur; de 120, ma vitesse tombe à 70, de minute en minute je descends. 1.000 mètres au-dessus de l'ennemi, semblablement canardés, ce n'était pourtant pas une telle hauteur. Je m'enfonce de plus en plus. Dans la carlingue mon compagnon reste immobile. Et je m'enfonce encore. 5 kilomètres à voler avant d'atteindre nos lignes! Rentrerai-je?

Je suis rentré. Il était temps, nous volions à peine à 200 mètres. Je roule à toute vitesse vers les hangars, je hèle mon mécano et, tandis qu'on court chercher le major, aussi doucement que possible nous sortons le blessé de la carlingue où il baigne dans le sang. Grâce à Dieu, plus de peur que de mal: une balle de shrapnell dans le muscle de la cuisse, mais artères et veines sont indemnes. Je respire.

Un troisième appareil, un nouvel observateur, et me voici revenu sur la sale bête boche, que je suis bien décidé à ne lâcher que morte, les quatre pattes en l'air. Elle m'aura donné assez de fil à retordre, la gueuse : trois coucous et un camarade à venger.

A son tour maintenant de payer, et l'échéance est arrivée, fatale. Nous volons à peine depuis cinq minutes au-dessus de la batterie, que nous pouvons cette fois commander le tir d'efficacité.

La rafale arrive, précise, richement nourrie ; elle s'abat comme une masse irrésistible à l'entrée du petit bois. A droite, à gauche, devant, derrière, les Boches trottent, lapins affolés. Dans la carlingue mon observateur s'est dressé avec un geste de triomphe. De la main il me fait signe de regarder. Ah ! le beau spectacle ! Comme il nous récompense et nous rend insouciants de la mitraille qui s'éclabousse au ciel autour de nous ! Un de nos 120 vient de taper en plein dans le dépôt des munitions.

Rouges, jaunes, bleues, les gerbes de flamme fusent et dessinent sur le sol gris une immense étoile de feu. Quel splendide boucan doit assourdir les oreilles boches ! Mais shrapnells et fusants éclatent si généreusement autour de l'appareil, que l'orchestre d'en bas demeure impuissant à charmer nos oreilles. Nous n'avons que la vue, mais quelle vue ! Sous la grêle de nos obus, la terre au-dessous de nous se crève et se soulève ; casemates et pièces volent en l'air, parmi les colonnes de fumée, qui se tordent au vent et montent à 20 mètres avant de s'écheveler dans le vent qui passe. Comme une torche tout le bois flambe.

La bête est morte. La pluie, qui nous aveugle maintenant et nous enfonce dans la figure ses grosses épingles, ne peut nous empêcher de goûter la joie infinie d'un retour triomphal. Tandis qu'à l'horizon boche les suprêmes convulsions du sol s'apaisent après les dernières explosions, chez nous à l'occident le soleil couchant envoie sur les nuages gris, que nous frôlons de l'aile, des reflets de pourpre et d'or. Un tour d'adieu à la batterie française, un petit looping en signe d'allégresse, et nous glissons vers le nid, dont nous n'avons pas, après ce long drame de deux heures, volé le calme et le repos.

P. L...,
Maréchal de logis pilote,
Escadrille C 28.

Juillet 1916, *Somme.*

TABLE

Paris. — Imprimerie Dumoulin, 5, rue des Grands-Augustins.